これからの

テレワーク

新しい時代の働き方の教科書

片桐あい

自由国民社

テレさんとノンちゃん

今日からテレワークだ！
必要な資料もそろえたし、
頑張ろう！

あー、
あの情報にアクセスできないなぁ。
電話してノンちゃんにメールで送ってもらおう

あー、あのファイルは
会社にあったんだった。
電話してノンちゃんに見てもらおう

もう！ 私はテレさんの
秘書じゃありません！（怒）

はじめに

外資系ＩＴ企業では、四半世紀前からテレワークを導入していた！

「この会社どうなってるの？　隣の席に座っているのに、なんで、メールで会話するんだろう？　おかしいんじゃないの？　私、やっていけるかな？」

というのが、転職して初出社の日に思った率直な感想でした。

１９９２年、外資系ＩＴ企業サン・マイクロシステムズ株式会社（現在は、株式会社日本オラクル）に入社し、サポート部門にあるアンサーセンターという技術的なサポートを電話やメールでする、いわゆるコールセンターに私は配属されました。

そこでは、時差のあるアメリカ本社との電話会議に自宅から夜中でも参加するマネージャや、夜間のシステム対応を自宅で行い、翌日は在宅勤務にするというエンジニアがいました。当時から、テレワークを実施していた人々がいたのです。

当時の電話とメールを使って仕事をしている時代を、「テレワーク1・0」とします。

その後も、未就学児を持つ社員のために、申請すればテレワークを認められるという制度も、20年以上前から導入されていました。

その後、2005年にアジアでの鳥インフルエンザの流行や、2001年のアメリカのテロ、または自然災害などの非常時にも、事業継続計画（Business Continuity Plan）の観点でも、在宅で仕事をすることが当たり前の環境となりました。

そのような環境で23年間働いてきて得たことは、**「どこにいても、どんな方法でも、仕事ができる人はできる」**ということです。

一般的にもインターネットが普及し、通信回線も整い、WebやチャットやSNSが爆発的に広がったことにより、今のネット社会ができあがってきました。今、こうしてパソコンやスマホがあれば仕事ができる環境は、技術的には整っています。

例えば、営業がオフィスには寄らずに、社内インフラにアクセスして、オフィスにいるのと同じような仕事ができる環境も整ってきました。これが、「テレワーク2・0」

です。

ところが、日本の名だたる企業でも、今回のコロナウイルス対策として「テレワーク」を推奨されても、実際にはどうしたらいいのか？　何から始めればいいのか？　雇う側も雇われる側も不安がいっぱいという状況を見聞きしています。それが、今までのテレワーク2・0の限界でした。

利用する気になればテレワークを運用する技術的なハード面は整っているのですが、それを運用する人の気持ちやルールなどのソフト面が整っていないという格差があるのです。

今回のコロナウイルスによる影響で強制的にテレワークを実践する時期に入った今こそが、「テレワーク3・0」の幕開けと言えるでしょう。

本書では、テレワーク3・0の波に乗るため、主に、ソフト面に焦点を当ててお伝えします。

今、この変化についていけないと、仕事のスキルアップは望めない！

オフィスワークの話ですが、極端なことを言うと、**「テレワークができない人」**は、**「仕事ができない人」だというレッテルを貼られる**場合もあるでしょう。

なぜなら、上司や同僚と物理的に近くにいたらできていたことが、離れてしまった途端にできなくなってしまう。

その解決策を自分で考え、解決のための提案ができなければ、セルフマネジメントができない人・コミュニケーションが取れない人・成果を見せられない人だと思われても仕方ないからです。

そして、今までの日本企業で求められてきたものが、アフターコロナで大きく変わる可能性があります。

組織の在り方や雇用のされ方なども変わってくる時代の波で生き残るためには、**「テレワークでも仕事ができること」**が、ビジネスマンにとって大きな武器となるでしょう。テレワークで成果が出せる人は、どんな環境の中でも仕事で成果が出せる人なのです。

そして、「テレワーク」に必要なのは次の3つの力です。

セルフマネジメント力（高いメンタリティを維持する力・時間管理の力・目標管理する力がある）、**マルチコミュニケーション力**（相手がどんな人とでもどんなツールを使用してでも、報連相・プレゼンテーション・ファシリテーション・交渉ができる）、そして、**成果の見せる化力**（自分の仕事の成果を公正にアピールすることができる）。

テレワークができれば、副業、複業、独立、定年後のフリーランスなどの際、自分の価値を見せる化でき、自分に値段がつけられ、それを積極的にアピールすることが可能になります。

ウィズコロナも、アフターコロナも、「テレワーク」という一つの働き方を通して、ご自身の仕事上の価値を高めるためのヒントを本書で得ていただければ幸いです。

片桐 あい

目次

第1章 テレワークのメリット・デメリットと求められる3つの力

第2章 テレワークで評価されるための5つのマインドセット

第3章 「セルフマネジメント力」を高める8つのポイント

第4章 「マルチコミュニケーション力」を高める6つのポイント

第5章 「成果の見せる化力」を高める6つのポイント

第6章 さらに成果を上げる「ビジネスコミュニケーションスキル」を高める7つのヒント

第7章
マネージャ必読！テレワークがうまくいくための5つの準備

第1章

テレワークの
メリット・デメリットと
求められる3つの力

1

通勤時間のストレスから解放されるメリット

テレワークを実施することでの一番のメリットは、首都圏に住んでいる人であれば、通勤時間というストレスから解放されることかもしれません。特に満員電車に閉じ込められての通勤は、朝から仕事をする気力も体力も奪っていく感じがしますね。

テレワークにしたら、その通勤時間がゼロになるわけです。極端な話、顔を洗って着替えて朝ご飯を食べたら、即仕事に取りかかれます。

時間に余裕があれば、朝から散歩をしたり、ジョギングをしたり、スポーツジムに行くこともできます。

朝から気持ちよく仕事に取りかかれると想像しただけで、ワクワクしますね。

もし、毎日通勤しないのであれば、どこに住んでもいいかもしれません。新幹線を使って通勤する人も増えていますが、仕事によっては、ＵターンやＩターンで様々な場所に住むことだって夢ではないでしょう。企業も積極的にオフィスを移転する可能性もあるかもしれません。

このように**テレワークが進めば、人の住むところも企業の拠点も様々な変化が起きる可能性があります**。それによって、新たな地域に人が集まったり、人口密集地の分散化が始まったり、そもそも企業がオフィスを持たないという考え方も出てくるかもしれませんね。

個人レベルの通勤のメリットから、渋滞の緩和や環境問題が軽減されるなど、社会的にも大きなプラスとなるメリットもあるでしょう。

まとめ

通勤時間がなくなれば、個人のストレス軽減から企業の在り方、社会問題の軽減など様々なメリットもありそうです。

2 休み時間の有効活用ができるメリット

もし、あなたの会社が昼休みを1時間取れるようなら、テレワークをした日のお昼休みに何をしますか？　朝一の運動の続きをお昼にしたり、食事をしながら好きな番組を観たり、友達とランチをすることもできます。

また、90分集中して仕事をした後に、干していた布団を裏返しにベランダに出ることだってできるかもしれません。宅配便が来たので、受け取れる場合もあります。

もちろん、仕事が優先です。しかし、オフィスにいたってトイレにも行くし、コーヒーブレイクも取りますね。

そう思うと、少しの隙間時間に、家だからできることをする時間も取ることは可能です。もちろん、そればかりでは困りますが……。

また、半休を取る場合でも、午前中集中して仕事をして、お昼休みの時間から半休を取れるとしたら通勤時間分、得をすることになりますね。

「1日休むほどの用事でもないけど」という場合にも、テレワークは便利に活用ができます。

これからの時代、どれだけ仕事をしたかという「量」も大切ですが、「質」を高めていくことはもっと大切です。**考えが行き詰まったときに、うまく休憩を活用しながら、仕事の効率を上げていく**ことが、テレワークをしていくためには必要です。

上司や周囲の人との信頼関係があればこそですから、休み時間ありきのスケジュールにならないように気をつけましょう。

まとめ

休み時間を有効活用しながら、仕事の効率も上げていきましょう。テレワークを実施するうえでは、上司や周囲の人との信頼関係を築くことがまずは大切なことです。

3 ワークライフバランスを取れるメリット

そもそも、ワークライフバランスとは何でしょうか？　ワークとライフが半々であればうまくいくというものではありません。

ＱＯＬ（クオリティーオブライフ＝人生の質）を高め、仕事もプライベートも充実させるためにバランスを取ることです。自分で最適なバランスを見つけて、うまく自分や自分を取り巻く環境をマネジメントできれば、人生の満足度は高まります。

たとえば、趣味の時間を確保することや所属しているコミュニティーを運営すること、さらに副業や複業、独立の準備などをかかえている方もいるとしたら、時間は無駄にはできません。さまざまな役割を担いながら本業でも成果を出し続けるためにも、テレワークは最適な働き方だと言えます。

もし、子どものインフルエンザや伝染病の看病で、世話が必要な日はもちろん有休を取るわけですが、熱は下がったけれど保育園では見てくれないというような経過観察の日もあります。

子どもさえ大人しくしていてくれれば、テレワークができる場合もあるでしょう。仕事の内容にもよりますが、未就学児を持つ社員にはありがたい制度です。

また、介護やご自身の在宅治療などの場合も、休みを取るほどでもないという場合には、テレワークの制度をうまく使えば働き続けることだって可能です。

もちろん、会社や上司によっては、このようなテレワークはＮＧという場合もあるでしょうから、事前に確認は必要です。

それでも、家庭やご自身の事情で仕事を辞めなければならないような場合には、テレワークでなんとか仕事を継続できないか検討してみましょう。企業も優秀な人材を失うよりは、働き方を変えるという選択肢を受け入れる可能性もあります。

まとめ

ワークライフバランスを取るためにも、テレワークは有効です。働き続けるということが難しくなった場合でも、１度テレワークで続けられないか確認すべきです。

4 ワークライフバランスが崩れるデメリット

前項目では、ワークライフバランスを取るためにテレワークにはメリットがあるとお伝えしましたが、逆にテレワークでワークライフバランスが崩れるというデメリットもあります。

たとえば、テレワークで仕事をしていると、パソコンと電話さえあれば、ずっと仕事ができてしまいます。

そうなると、仕事の切れ間がなく、ずっと電話対応をすることになったり、パソコンに向き合ってしまうことになる人もいます。いつ始めてもいつ終えてもいい分、仕事がやめられなくなってしまうのです。

できれば、**1時間から1時間半に1回は、立って歩いたり、休憩を取らないと、働**

きづめになることもあり、ワークとライフのバランスが崩れてしまいます。

オフィスにいれば、話しかけられたりもすれば、会議で席を外すこともあります。しかしテレワークであれば、電話がかかってくる場合もあればオンライン会議もあるでしょうし、長時間座りっぱなしです。

それにより、エコノミー症候群や運動不足による生活習慣病にも気をつけないと、そもそものライフが崩れてしまいます。

また、人と話すことが極端に少なくなるという場合もありますので、メンタル不調にも気づきにくくなります。そのようなことがないように、自分にも周囲の人にも気をつけて、状態を確認することも必要です。

まとめ

テレワークは、ワークライフバランスが取れるというメリットもありますが、一方、ワークライフバランスが取れなくなってしまう可能性もあります。運動不足やメンタル不調の発症にも注意が必要です。

5 誘惑に負けて仕事が進まないというデメリット

テレワークの最大のデメリットとしては、自宅での仕事であれば誘惑が多いということです。

どんな誘惑があるかというと、自宅には自分の好きなものがたくさんあります。趣味のもの、途中まで観ていて録画したテレビ番組、映画、動画、様々な魅力的な誘惑。また、怠けたい気持ち、睡魔との戦いなども、仕事を妨げる要因です。オフィスでは、人の目があるので、耐えられていたことも、人の目がなければ、つい負けてしまって、5分だけ、10分だけと気が緩んで、気づくと1時間の昼寝をしたり、ゲームをしてしまったり、怠けて仕事ができないという場合もあるでしょう。

オフィスの上司や同僚と離れているので、誘惑に負けて、自分に負けてしまうことが、テレワークで思うように仕事が進まないことの原因となります。

仕事相手からは見えないからこそ、自分を律する必要があります。第3章で詳しくお伝えしますが、**テレワークという働き方をうまく使いこなすためには、セルフマネジメント力が必要**です。

その力は、テレワークができるだけではなく、これから就くどんな仕事にとっても必要な力です。そしてそれは、誰かに頼らずにプロフェッショナルとして選ばれていくためにも、絶対に外せない力なのです。

テレワークは誘惑に負けて仕事が進まないというデメリットがありますが、それを乗り越えられる人だけが、今後も必要とされる人材なのです。

まとめ

テレワークは、様々な誘惑に負けて仕事が進まないというデメリットがあります。しかし、「セルフマネジメント力」を身につけた人こそが、テレワーク3・0時代も活躍し続けられる人材なのです。

6

離れている人と情報交換がしにくいというデメリット

テレワークは、物理的に仕事の関係者と離れて仕事をするものです。だから、テレ（遠隔）ワーク（仕事）つまり、離れてする仕事です。

在宅とは限りませんので、セキュリティさえ確保できれば、カフェやレンタルオフィスなどで仕事をすることもテレワークと呼びます。

そのテレワークでの人間関係のデメリットと言えば、離れている分、情報交換がしにくいということです。

もちろん、最近では様々なコミュニケーションツールが存在します。電話、メール、チャット、SNS、SMS、Zoomなどのオンライン会議システムなど様々あります。

そしてこれからも新しいテクノロジーが進化し、見たこともないようなツールも開発されるでしょう。しかし、やはり、リアルで会って話すほど、たくさんの情報が伝わるものはありません。

だから、意識しなければ、離れている人との情報交換がしにくいというコミュニケーションギャップは埋められません。

逆にいうと、**離れている人ともうまく情報交換、情報共有ができる**人がこれからの時代に求められる人材です。本書の第４章で詳しく述べますが、**マルチコミュニケーション力**としてさまざまな属性の人と、適切なツールを用いて意思疎通ができる力を高めるポイントをお伝えします。

離れているからこそ、磨かれるコミュニケーション力もあります。その力を得ることで、テレワーク3・0時代を乗り切ることができます。

まとめ

テレワークは、離れている人と情報交換がしにくいというデメリットがあります。しかし、「マルチコミュニケーション力」を身につけた人こそが、テレワーク3・0時代も活躍し続けられる人材なのです。

7 見られていないと評価されにくいと思うデメリット

「テレワークで上司から見えなくなった場合、自分はどのように評価されるんだろう」と思う人は多いのではないでしょうか。確かに、今まで見えていたものが見えなくなるという不安はあるでしょう。

しかし、たとえテレワークで上司と毎日会えなくなったとしても、仕事の目的もゴールも変わりません。

ただ、上司からあなたの働いている様子を直接目で見えない時間が増えるだけです。

それだけのことであっても、やり方が変わるだけで不安を覚える人もいるでしょう。

しかし、仕事の成果は隣の机で汗水たらして働いている人が必ずしも成果を上げているかというと、それだけではないはずです。仕事のプロセスも大切ですが、やはり仕

事の成果を見えるように伝えることはもっと大切なはずです。

日本人はアピール下手で、推して知るべしの文化なので、自分の成果をわかりやすく伝えることが苦手です。私がいた外資系の企業では、リストラは年中行事でした。業績の振るわない社員から切られることも多々ありました。

そんなときに、どれだけ長い時間働いていたのかは一切関係ありません。評価の指標を並べられて、海の向こうにいる顔も見たことのないマネジメントチームの人たちから、「この人はパフォーマンスが低い」とリストラ対象の指名がくるのです。

もちろん上司は指標に表れない仕事の説明はしてくれますが、数値に表れない仕事は評価されにくいのです。自分の**仕事の成果を見せる化する力**については、本書の第5章でお伝えします。

まとめ

テレワークは、見られていないと評価されにくいと思いがちです。しかし、「仕事の成果を見せる化できる力」を身につけた人こそが、テレワーク3・0時代も活躍し続けられる人材なのです。

第１章　まとめ

テレワークを実施することで、「通勤時間というストレス」から解放される。

「休み時間」を有効活用して、仕事の質を高める。

「ワークライフバランス」を考えながら働くことができる。

運動不足やメンタル不調の発症にも注意する。

「セルフマネジメント力」をつけて、誘惑に負けない心を鍛える。

「マルチコミュニケーション力」をつけて、誰とでも情報交換できるようにする。

「仕事の成果の見せる化する力」をつけて、正しくアピールする。

第　2　章

テレワークで
評価されるための
5つのマインドセット

1

「サボっているかも？」と思われている前提で仕事をしよう

「あれ？　電話出ないなぁ～。サボっているのかな？」

「寝てた？　声がガラガラだよ？」

急に電話がかかってきたときに、たまたまトイレ行っていて出られない場合もあることでしょう。

また、しばらく誰とも話してなくて、急に出した声がかすれてしまうことだってあります。でも、相手の状況が見えないというのは、そういうことなのです。

いつでもどこでも、オンライン状態をつくることは難しいことなので、離れていても信頼してもらえるように、**離れた相手にも働いていることをアピールしておくこと**も必要です。

たとえば、かかってきた電話にその場で出られなかったとしても、すぐにかけなおす。電話に出られなかった理由を伝えるなど、一言添えてから要件を受けましょう。

そもそも、そんなことを言われるのは、日頃の仕事のパフォーマンスや勤務状況を信頼されていないからかもしれません。相手を責める前に、二度とそんなことは言われないような仕事の成果を出せるように心がけてください。

信頼されるためには、まずは信用されること。

信頼と信用の違いは、信用は担保される何かを相手に渡すことです。

それが、仕事の成果です。信用を積み重ねたうえでなければ、全幅の信頼は得られないのです。

まとめ

仕事の成果を積み重ねて信用され、信用を積み重ねて初めて信頼を得られます。

相手にサボっていると思わせないような仕事の結果を見せましょう。

2

ノンテレワーカーには、最大の配慮をしよう

あなたが今日からテレワークをしようと思ったときに、あなたの仕事を支えてくれる仲間は誰でしょうか？

上司、同僚、後輩、部下、他部署、顧客、協力会社のみなさん。様々なステイクホルダー（利害関係者）と仕事は成り立っています。そのすべての人が在宅で働いているのかもわかりませんし、その人のコンディションがベストではないかもしれません。

また、家族の事情を抱えているかもしれません。

つまり、人はそれぞれの状況を抱えながら仕事をしているわけです。

仕事はその人の一部であって、その人自身のすべてではありません。

さて、テレワークをする人をテレワーカー、テレワークをしない人をノンテレワーカーと表現します。特に**同じ職場のノンテレワーカーへの配慮が大切です。**

日によっては、どうしてもオフィスでないとできない仕事を抱えている人もいます。そのノンテレワーカーが会社にいるからといって、「資料探して」「○○さんいる？」などと、負担をかけてはいけません。「ちょっとのお願い」は他の人もしている可能性もあるわけです。

ノンテレワーカーは、テレワーカーの小間使いではありません。ノンテレワーカーが不満をためると、職場の雰囲気が悪くなります。そして、顔が見えない分、その不満には気づきにくくなります。

とにかく、自分のことは自分でできる環境を自分でつくれる人でなければ、テレワーカーになる資格はありません。

相手が見えないだけに、配慮を言葉にしましょう。

そして在宅の場合には、家族への配慮もお忘れなく！

まとめ

テレワーカーは、ノンテレワーカーへの配慮が必要です。自分のことは自分でできなければ、テレワークをする資格はありません。見えない相手への配慮は言葉にしましょう。

3

「組織への貢献ポイント」をチームで共有しよう

テレワークをしていると、個のゴールを達成することに目がいきがちです。

「何のためにやっているのか？」「なぜその仕事をやっているのか？」という、仕事の目的や理由が見えにくくなります。それは、今までは仕事をチームでやっていて、そのチームが見えるところにいたからです。

しかし、テレワークでチームが離れてしまうと、分割された仕事の一部を自分がこなすという感覚に陥ってしまいがちです。

組織の中での、あなたの貢献ポイントを明確にしましょう。

まずは、チームでその仕事の目的（何のためにやるのか）とゴール（それが達成されるとどうなるのか、何が得られるのか、数値的なことも含め）を話し合っておくことが大切です。そのうえで、自分はそのチームに対してどんな貢献ができるのかを、明確にすることです。

貢献をするのであれば、自分の強みがわかっていないと貢献のしようがないため、そのチームで自分のどんな強みが役に立つのかを意識します。

たとえば、全体を俯瞰《ふかん》して見られる人なのか、詳細を見る人なのか？

アイデアを出す人なのか、データを整理する人なのか？

図解が得意な人なのか、文書化が得意な人なのか？

このように自分はどんな強みがあり、それが仕事の目的に照らし合わせてどう貢献できるかを意識しましょう。

チームが離れているからこそ、共有しておくことが大切です。

他のメンバーにも自分の強みを明確にしてください。

近くにいるときには意識していなかった自分と相手の強みを意識することで、離れている相手に対しての貢献が可視化できるのです。

まとめ

離れているからこそ、仕事の目的やゴールを共有したうえで、自分の強みを意識し、組織に貢献できるポイントを明確にすることが大切です。

4 会社や社会から「求められている人材像」を意識しよう

テレワークをしていると、やらなくてはならない作業につい目がいきがちです。

一人で仕事をすると、視野が狭くなり、長期的な視点で物事を見られなくなる傾向があります。そうなると、自分にできることを自分の見える範囲でやることに集中するようになってしまうのです。

そうなる前に、**自分に求められている人材像を考え、それを意識する**ことが大切なのです。

たとえば、リーダーシップを持ってチームをまとめられるような人材とか、変革を推進していけるような人材とか。上司や周囲の人から、自分にどんな期待がかかっているのか、それを考えることで、少し先の未来の自分をイメージすることができます。

そのイメージを求められている人材像と仮置きして仕事をすることで、今やっている仕事の意味づけが変わってくるのです。

また、受け身的に関わってきた仕事を、今度は自分から提案型に変えることもできるかもしれません。そうすることで、自分の影響範囲も広がりますし、仕事の裁量が増えるかもしれません。

「これについて、こんな新しいやり方を試してみたいのですが、いかがでしょうか」などとテレワークだからこそ思いついた何かを提案できたら素晴らしいですね。

誰もが未経験のこの仕事のやり方を切り拓いていくには、今、どんな人材が求められているのかを考えながら仕事をしていくことが大切です。

たくさん考えても試さなければ意味がありません。社内だけの目線ではなく、「今の世の中に求められているのはどんな人材か」を意識して仕事に取り組んでみましょう。物の見え方が変わってくるはずです。

まとめ

上司や周囲の人から求められている人財像、さらには今の世の中で求められている人材像を意識しながら、テレワークを有効活用しましょう。テレワークで得られる知識やスキルは無限大です。

5 自分を磨き続けるための経験を「知識やスキル」に変えよう

経験とは、①実際に見たり聞いたり行動したこと。②または、そこで得られた「知識やスキル」も含めた意味です。

ぼーっと作業をしているだけでも①は得られますが、②の知識やスキルは身についていきません。

テレワークをしている場合も同様です。

今までの仕事のやり方を見直し、テレワークだからこそできる経験を増やし、そこから自分なりの知識やスキルを自分のものにしてください。

スキルとは、再現性のある技術です。スキルがあれば、同じことをしてもうまくいくし、それを他の人が習得すれば同じように再現ができるのです。

だから、**この仕事で得られるスキルはなんだろう？**と、考えながら仕事をすれば、得**られるスキルが明確になります。**

なんとなくうまくいっているというのは、経験を積んではいますが、スキル化したことにはなりません。

テレワークという仕事のやり方は、自分を磨き続けるために必要だと思って、そのための経験を積めば、そこで自分なりのスキルが身につきます。

たとえば、テレワークで離れた部下のモチベーションを維持しながら、成果を出させることができた。それが、ＡさんにもＢさんにもできればスキルと呼べます。

また、自分のスキルを他者もできるように共有・教育できれば、それも立派なスキルとなります。

まとめ

せっかくテレワークをするのであれば、その経験をスキル化しましょう。それを積み重ねれば、職務経歴書に書けるあなたのスキルになるのです。

第２章　まとめ

マインドセット①　「サボっているかも？」と思われないよう、仕事の成果を出し、信用と信頼を勝ち取る。

マインドセット②　自分のことは自分でできる環境を自分でつくり、ノンテレワーカーに迷惑をかけない。

マインドセット③　チームが離れているからこそ、仕事の目的やゴールを共有したうえで、自分の強みを明確にする。

マインドセット④　会社や社会から「求められている人材像」を意識し、様々な視点を持って仕事に取り組む。

マインドセット⑤　今までの仕事のやり方を見直し、新たな自分を磨く経験を積み重ねることで、強力な仕事のスキルに変える。

第 3 章

「セルフマネジメント力」を高める8つのポイント

1 誘惑に負けない精神力を鍛える

セルフマネジメントは、どんなビジネスパーソンにとっても必要ですが、特にテレワークをする環境では、自分を律する「セルフマネジメント力」が必要です。

ご想像のとおり、仕事関係の人が誰も見ていない場所で仕事をするとなると、かなりの葛藤があります。

たとえば、自宅には趣味のものも部屋にはあるでしょう。

YouTubeチャンネルを観始めたら、止まらなくなってしまった。

調べ物をしていたら、ネットサーフィンしてしまった。

または食後はベッドが呼んでいるような気がして、5分のつもりが30分寝てしまった。

そんなことになってあなたの信用を落とさないように、**自律のためのセルフマネジメント力を高める方法**をまとめました。

テレワークならではの悩みを解決するポイントを知り、仕事の効果を高めましょう。


人は、やりたくないと思った仕事を我慢してやったとしても、なかなか集中ができません。

「この仕事面倒だな〜」

「やりたくないな〜」

「なんで自分がやらなきゃならないんだろう？　こんな仕事……」

と思ったまま続けていっても進みは遅いし、できあがったものの完成度もイマイチです。

そんなご経験はありませんか？


そうなると、やらなければならないのはわかっていながら、今やらなくてもいいことを始めたり、仕事に関係ないことに没頭してしまったり、その場から逃げるような行動に走って逃避したりと、心の葛藤から頭でわかっていても行動ができないということがあります。

オフィスであれば、誰かに見られている意識が働くので軌道修正もできますが、テレワークで自分ひとりの環境であれば、なかなかその軌道修正が難しくなりますね。

まずは、このつまらない、やりたくないと思っている仕事をいかに楽しくするか、自分にとって意味のある仕事にしていくかを考えることで、**「不の感情」を「快の感情」に変える**ことができます。

不の感情とは、不満、不快、不足などのネガティブな気持ちです。

何かを変えていくときには、この不の感情はエネルギーに変わるので、そのパワーを活用しましょう。

たとえば、このつまらない単調な仕事をやり続けなければならないと思うと、不満だし不快だと思う場合には、どうしたら快の感情が得られるか、次のように具体的に考えてみます。

その仕事をしなくていいようにするには、どうしたらいいか？
誰かに移管できないか？
もっとコンパクトにできないか？

などなど、不の感情が強ければ強いほど、改善の意欲も高まります。
そのために働くことは、気づくと感情が快に変わっているはずです。

まとめ

誘惑に逃げても目の前のことは、何も変わりません。自分を律するとは、我慢することではなく、不の感情をいかに快の感情にするために考え、行動できることを探すかということなのです。

2

「自分のありたい姿」を常に持つ

あなたは、今の仕事に満足していますか？


「もっとこんな仕事がしたい」

「あんな役割についてみたい」

または、

「副業をしたい」

「起業したい」

など、様々な欲を持っていることでしょう。


これから取り組むテレワークという仕事のスタイルは、今のあなたがステップアップするために、絶対に役立つ働き方です。

テレワークでも仕事の成果を出して、この働き方でうまくセルフマネジメントができれば、どんな仕事であっても、「自分のありたい姿」に近づくための第一歩になります。

では、その自分のありたい姿を常にイメージし、具体化してみましょう。

- **お客様は誰か？**
- **どんなサービスを提供したいのか？**
- **月にいくら稼ぎたいのか？**
- **どんな働き方をしたいのか？**
- **どんな毎日を過ごしたいのか？**
- **どんな人と一緒に仕事をしたいのか？**

その具体的なイメージあればあるほど、仕事に対する前向きな気持ちが出てくるはずです。

逆に、今の仕事は何のためにやっているんだろう？と思うような仕事であれば、仕事は整理していくことが大切です。

やらなければならないこともあるでしょうが、やりたいこと、自分がワクワクすることに目を向けることで、仕事のモチベーションが上がります。

会社に出勤している場合には、なかなか仕事のコントロールは難しいかもしれませんが、テレワークになることで、仕事の裁量権は増えるはずですし、チームの役割分担を再定義する機会にもなるので、その提案をする機会でもあります。

図のように組織としてやるべきこと、個人としてやりたいことに仕事を分けるとすると、テレワークは**「こっそりスキルアップ」**と**「こっそり移管」**のための時間に当てることができます。

自分のありたい姿が明確になれば、今の仕事を通して、やるべきことと今後やりたいことをつなげていくことができるようになります（「全力で取り組む」の領域）。

そして、徐々に「こっそり移管」の領域の仕事はマニュアル化して、誰かに移管する。

「自分のありたい姿」を明確にして、スキルアップのための時間を割く

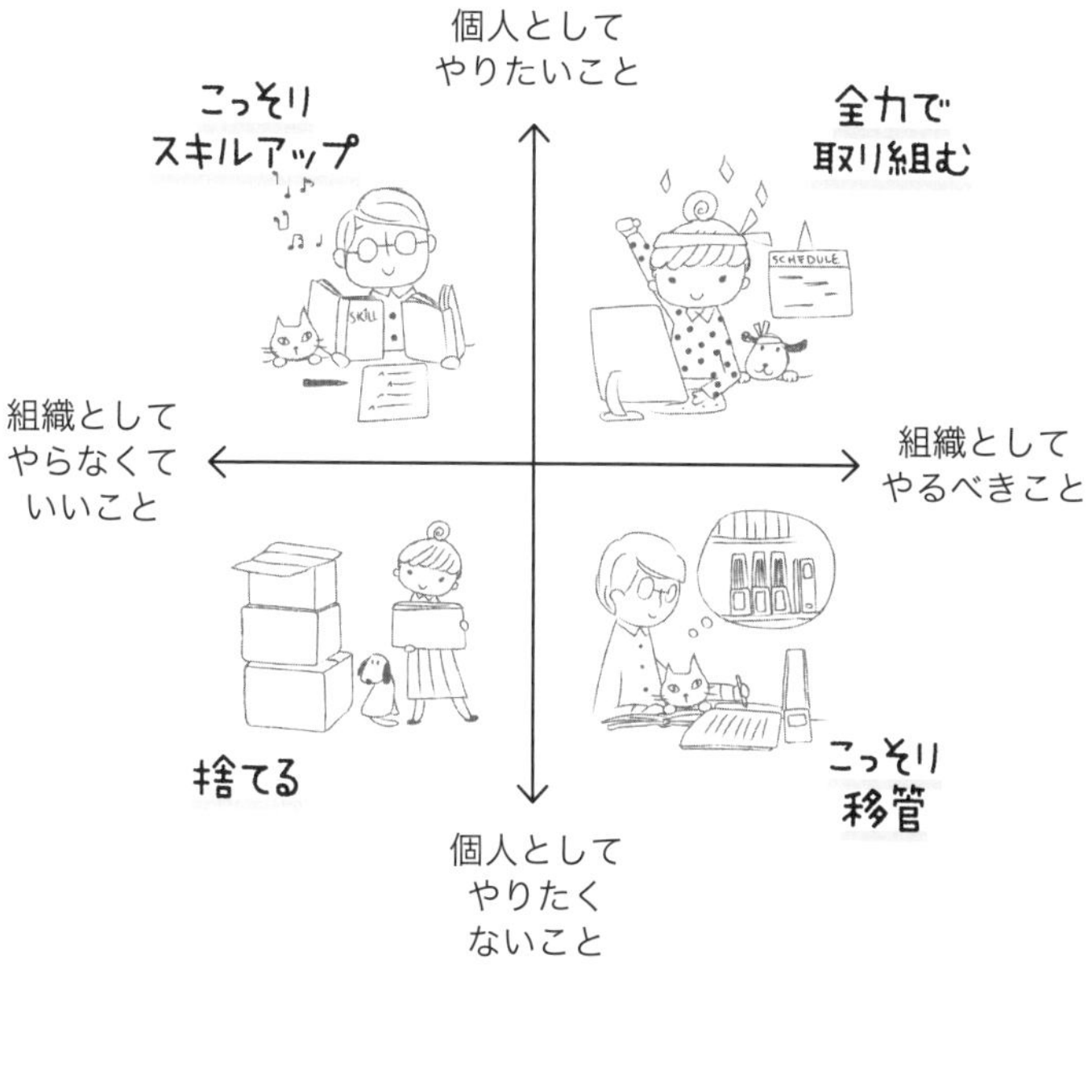

「こっそりスキルアップ」の領域の仕事は、自分の時間を使ってでもやることですが、「全力で取り組む」の領域の仕事を早く終えれば、隙間時間に取り組むことができます。

「捨てる」領域は、テレワークになった瞬間、「そもそもこれって必要？」と思うような仕事です。

意味のない会議を洗い出したり、意味のない報告書やデータ作成などもこの領域に入る可能性があります。

やはり、どこから手をつけるにしても、まずは自分のありたい姿を明確にするところからスタートしましょう。

まとめ

自分のありたい姿を明確にすれば、「組織としてやるべきこと」と「個人としてやりたいこと」に注力できます。テレワークだからこそ、自分のスキルアップに向けて時間を割くために、やるべきことを効率化できるように意識できます。

3 現状を正しく冷静に把握する

自分のありたい姿を明確にして、向かうべき方法が見えたら、次にやるべきことは、「現状を正しく冷静に把握する」ことが大切です。

自分自身のことや、周囲の環境など現状が把握できなければ、自分が何をどうコントロールしたらいいのかがわからないからです。

特に、現状を正しく把握する対象としては、テレワークをするうえでどれだけ準備ができているのかという**「自分自身の状況、仕事の環境、プライベートの環境」**についてです。

以下の質問に対して、今の状況を確認してみましょう。

自分自身の状況

□仕事の**裁量権**はある程度自分にあるか？
□自分の**スケジュール**は自分で決められるか？
□職場での**コミュニケーション**は活発か？
□職場の**人間関係**は良好か？
□テレワークをする**メリット**を語れるか？
□テレワークに適した仕事と適さない仕事を**仕分け**できるか？
□テレワークをすることに対して、**顧客や関連部署の協力**は得られるか？

仕事の環境

□テレワークのために使用する**ツール類**は、遠隔からのアクセス機能はあるか？

□テレワークのための**ガイドライン**はあるか？
□テレワークのための**職場のルール**はあるか？
□**上司**はテレワークに前向きか？
□**すでにテレワークをしている人**はいるか？

プライベートの環境

□テレワークできる**ネットワークや使用するツール類**は整っているか？
□テレワークできる**場所**はあるか？
□テレワークのための**机や椅子**は快適か？
□**家族**はテレワークに前向きか？
□**すでにテレワークしている家族**はいるか？
□テレワークをすることで、何らかの**影響を受ける家族**はいるか？

特に、**「テレワークをするメリットを自分で語れる」**ことが大切です。「会社がテレワークをしろと言うからしている」という状態でテレワークを始めたとしても、成果は望めません。

また、仕事の環境も大切ですが、プライベートの環境を整えることも大切です。特に影響を受ける家族がいる場合には、テレワークが思うように進まないということもあるので、事前に理解を得ることも非常に大切なステップです。

まとめ

テレワークを効果的に行うためには、自分自身と仕事の環境、プライベートの環境を正しく把握することが必要です。それが整っていないと、テレワークがうまくいかずに仕事の成果が出せないからです。

4

「自分の状態管理」を行う

自分の状態管理とは、身体と心と頭の状態を把握するということです。

今までのように毎日オフィスへ通勤し、1日オフィスで仕事をして、帰宅するという生活が、テレワークの導入により一変する場合、心と身体と頭に少なからず影響が出ます。

テレワークを実施する頻度にもよりますが、

- 今まで毎日行っていた会社に移動しない。
- 今まで多くの人とリアルに接してきたのに、電話やメールやチャットなどでしかやりとりしなくなった。
- パソコンに向き合う時間が増えた。
- 仕事場が自宅であれば、家の中しか移動しなくなった。

- **1日中座りっぱなし。**
- **人から見られないと、着替えもせずに起きたらすぐに仕事に入る。**
- **時間や曜日の感覚がなくなる。**
- **刺激が少ない。**

などの変化が起きます。

わかりやすいところから考えると、特に**身体**に対する変化としては、**運動不足と姿勢**です。

まず、人によりますが、通勤にかかる身体への負荷は悪い影響もありますが、かなりの運動になっていることも事実です。

それがなくなるということで、運動不足になる人が多くいます。

在宅の場合、1日の歩く歩数が数百歩程度で収まってしまうこともあります。

また、姿勢についても、パソコンに向き合う仕事であれば、ほとんど同じ姿勢です。

目は疲れますし、肩もこり、腰も痛くなります。

気がつくと2時間、3時間、同じ姿勢で仕事に没頭してしまったということもあるでしょう。

次に、**心**ですが、人とリアルに会わないことで心の平穏を感じる人もいれば、人の顔が見えないことで不安を感じる人もいます。

一人でいることで、感情が動きにくくなる人もいれば、上司からの電話やメールがプレッシャーで、ドキドキするような感情を覚える人もいるでしょう。

特に、文字情報だけのやりとりになってしまうと、淡々と仕事を進めるだけになるので、「今日は1日誰ともしゃべらなかった……」というような日もあるかもしれません。

職場にいれば、いいことも悪いことも刺激となって入ってきて、心が動きますが、テレワークでは、余程のドキドキするようなメールや電話がこなければ、心が動くようなできごともなく、1日が終わっていきます。

また、時間に追われるようなプレッシャーのかかる仕事をしていると、休憩を取ることも忘れて、一心不乱に追い込まれて仕事をするような心理状態になることもあるので、一人だと危険です。

モチベーションも感情ですので、自分の気持ちが乗っている日もあれば、乗らない日もあるでしょう。

最後に**頭**です。一人で仕事をしていると、どうしても自分視点になりがちです。視野も狭くなってしまうこともあり、さらには視座も低くなってしまうことがあります。

その結果、思考が狭まり、こり固まってしまうこともあるので、注意が必要です。

以上、身体、心、頭について、テレワークをしていると陥りがちなことについてお伝えしましたが、まずは、ご自身の状態を客観的に観察することが大切です。

職場であれば、誰かが「どうした？　元気ないね」などと声をかけてくれたり、「なんか行き詰まってるの？　ご飯でもいく？」と気にかけてくれる人もいるのでしょうが、一人で仕事をしていれば、なかなか自分で気づくことができません。

だからこそ、

- 身体の状態はどうか？
- 心の状態はどうか？
- 頭の状態はどうか？

少なくとも1時間に1回は、今の自分の状態はどうなっているのか、振り返りましょう。**セルフモニタリング**は大切なことです。

バランスが崩れているところを見つけたら、いったんパソコンから離れて、自分をリセットする時間を持ってください。

まとめ

テレワーク中は、自分の状態管理を自分でするしかありません。身体と心と頭のバランスが崩れているところを見つけて、リセットする時間を持ちましょう。

5

「休み時間」を有効に活用する

自分の状態管理をしていて、このままでは仕事のパフォーマンスが下がる！と思ったときには、休み時間を有効に活用しましょう。

休み時間には、**お昼休み**と、**仕事の合間の休憩**の2種類があります。

まず、昼休みは就業規則にもよりますが、1時間取れるのであれば、思い切って外にランチに行くこともお勧めです。

誰か近くで1時間おしゃべりができる人がいれば、それだけでリフレッシュできますし、一人であってもパソコンの前から別の場所に移動することが大切です。

また、1時間あれば運動ができるという人は、ランニングをしたり、泳いだり、筋トレをしたりと、身体を動かす時間に充ててもいいでしょう。

運動とまでは言えなくても、近くの公園をぶらりと散歩して緑を見ることもお勧めです。

とにかく、**疲れた身体と心と頭を休めたり、別の刺激を与えたりする**ことが目的なので、思い切って1時間を有効に使ってみてください。

仕事の合間の休憩もコーヒーを飲むだけではなく、ちょっと屈伸をしたり、部屋を歩き回ったり、伸びをするなど、身体を動かすと、行き詰まっていた状態から少し柔軟に考えられるようになります。

休憩中に限らず、思考の邪魔にならない程度に音楽を流してもいいですね。

小川のせせらぎや雨の音など自然の音も、仕事がサクサク進むものがあるので、YouTubeで探して流してもいいでしょう。

心がモヤモヤしているときには、ちょっとしたおしゃべりが効果的ですが、テレワーク仲間と時間を決めて2、3分話をするだけで、スッキリします。

また、10分程度のお休みを取る場合、お皿を数枚洗ってみたり、干していたお布団を裏返したり、少しだけ家事をやってみると、また仕事への意欲が戻ってきます。

人は、人から借りたら返したくなる生き物です。

仕事の時間を会社から借りたら、その分仕事で返したくなるので、その後は何だか気持ちよくいい仕事ができるのです。

まとめ

昼休みと仕事の合間の休憩は、しっかり取ること！　その時間こそが次の仕事のモチベーションを高めることになります。

6 ルーティーンをつくる

あなたは、「仕事のルーティーン（習慣的な動作や手続き）」を持っていますか？

イチロー選手がバッターボックスに入るときに必ずする動作があるように、私たちビジネスパーソンも、いくつかのルーティーンを持っていてもいいと思います。

つまり、**仕事のオンとオフのルーティーン**や、**集中が必要なときのルーティーン**などです。

たとえば、いつもスーツなどの仕事着で仕事をしていた人は、えり付きの服でなければ調子が出ないという人もいます。

また女性の場合は、メイクをしないと落ち着かないとか、キーボードを打つ手に指輪が光っていないとモチベーションが上がらない、などと言う人もいます。

また、仕事が終わってくつろぐというときのルーティーンとしては、プシュッと缶ビールを開けるとか、リラックスした服に着替えるとか、「今日の仕事は終わり！」と声に出してみるとか、何かしらの儀式があるとスイッチが切り替わります。

ルーティーンがあれば、仕事とプライベートを分けることができて、生活にメリハリが生まれます。

仕事が終わったリラックスタイムに仕事のアイデアが降ってくることもありますが、それでもいったん仕事の区切りをつけたほうが、自分にとってもいい時間が過ごせるものです。

何かしら自分にしっくりくるような、オンとオフのルーティーンを見つけましょう。

まとめ

仕事を始めるとき／終えるときには、自分らしいルーティーンを持つといいでしょう。それにより、自分の中のオンとオフが明確になり、生活にメリハリが生まれます。

7 仕事の「チェックポイント」を設ける

テレワークで起きがちなのは、仕事に没頭しすぎて組織の方向性とズレたり、独りよがりのアウトプットになってしまうことです。

「えー、お願いしていた報告書とイメージが違いすぎる……」
「いやいや、そんなことお願いしてなかったけど……」
などということは、依頼する側もされる側もよくある事例です。

リアルで顔を見る機会があったり、パソコンの画面をのぞけば、大体の仕事の進捗やアウトプットのイメージが見えるので、途中で気づき修正の指示を出すこともできますが、遠隔で仕事をお願いしていると、びっくりするほど自分のイメージが相手には伝わっていないことがあります。

仕事を受ける側も、
「そんなこと言ってなかったよね？」
「今さらそんなこと言われても、最初からつくり直す時間もないし……」
と、相手のせいにしたくなります。

コミュニケーションポイントは第４章で詳細をお伝えしますが、ここではセルフマネジメントで気をつけるべきポイントに絞ってお伝えします。

仕事のアウトプットがズレてしまうという結果は、「仕事のチェックポイントを設ける」ということで回避できます。

人は、一人で考えていると、自分のやりやすい方向に自分をミスリードしてしまいます。

客観的な自分でいるべきであることはわかっていながらも、仕事に集中して乗ってくればくるほど、自分の世界に入ってしまいます。

そこで、お勧めしたいのは、**様々な仕事に自分なりのチェックポイントを設けること**です。

たとえば、文書を提出するのであれば、３割程度仕上げたところで、いったん第三者にも確認をしてもらいましょう。

必要であれば修正するなど、その仕事の進め方も考えながら決めればいいでしょう。

自分と仕事相手の関係性やコミュニケーションのスタイルもあるので、何が正解かは決められませんが、自分なりにチェックポイントを意識して設けることが大切です。

まとめ

その仕事にかけた時間で見直してもいいですし、仕事の完了具合でもいいので、立ち止まって振り返るためのポイントを決めておきましょう。

8

ときには「強制終了」する

仕事に没頭しすぎると、効率が下がっていたとしても、やり続けてミスが多くなることもあります。

また、アイデアが枯渇することもあるでしょう。

そんなときには、**切りがいいところまでやろうとせず、いったん業務を強制終了**させましょう。

連続ドラマだって、途中で終わるから次への期待が高まりますよね？

「続きがどうなるのか気になる〜」という中途半端なところで、強制終了をしてしまうことも一つの手です。

ダラダラと惰性で仕事をするよりも、よっぽど時間を有意義に使うことができます。

そのきっかけがつかめないときに役に立つのは、**「キッチンタイマー」**です。

もちろんスマホのタイマーでもＯＫです。

「この時間まで、この仕事に集中する」というタイムリミットを設定してはいかがでしょうか？

時間になって、ブザーが鳴れば、そこで強制終了！

その後、たとえば、気になっていた経費精算とか、前々からやろうと思っていたことがタスクになっていれば、それを立ったままでやってみる。

デスクの上が気になるのであれば、いったん片づけてみる。

そんな感じで、頭を使い終わったら、少し身体の動きも取り入れられるような作業を入れると頭がリフレッシュされます。

そして、さっき強制終了した仕事に戻ると、いいアイデアが降りてきて、「なんだ？さっきはこんなことで悩んでいたのか？」と解決する場合もありますよ。

勇気を出して強制終了をすることも、ときには必要です。
そのままやり続けていても、成果が出にくい場合も大いにあるので、そんなときには、あえて関係ない作業にチャレンジしてみましょう。

まとめ

ダラダラ仕事をしていても成果が出ないときには、勇気を出して強制終了してみましょう。キッチンタイマーをセットしてタイムリミットを設けましょう。いったん強制終了したら、身体を使う作業をしてから前の仕事に戻れば、新しいアイデアが湧いてきます。

第３章　まとめ

- 「不の感情をどうしたら快の感情に変えられるか」と考え、行動できることを探す。

- 「自分のありたい姿」を常にイメージし、具体化してみる。

- 自分自身の状況、仕事の環境、プライベートの環境を正しく把握する。

- 身体と心と頭の状態を把握し、良好に管理する。

- 「休み時間」を有効活用して、仕事のパフォーマンスを上げる。

- 「ルーティーン」をつくって、オンとオフを明確にする。

- 「仕事のチェックポイント」を設けて、アウトプットのズレを修正する。

- 仕事の成果が出ないときには、勇気を出して「強制終了」する。

コラム　総務省のテレワークについてのまとめ

テレワークについて、総務省は何年も前から導入を勧めていました。そこで紹介されている事例やガイドラインなどをまとめておきます。

特にセキュリティ対策については、こちらを参考にして、安全に安心して業務を行っていただくように準備を進めてください。

◯テレワークの推進【総務省】

https://www.soumu.go.jp/main_sosiki/joho_tsusin/telework/

◯テレワークセキュリティガイドライン（第４版）【総務省】

https://www.soumu.go.jp/main_content/000545372.pdf

テレワークの導入に当たってのセキュリティ対策についての考え方や対策例を示しています。

https://www.soumu.go.jp/johotsusintokei/whitepaper/ja/h30/html/nd144320.html

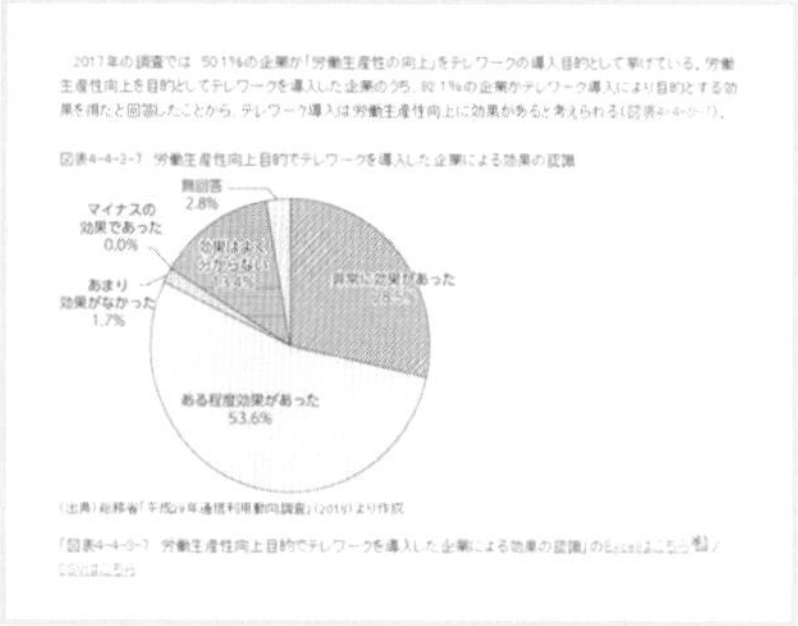

こちらは2017年のデータではありますが、注目すべきはテレワーク導入が「マイナスの効果であった」という項目が０％であったという点です。

どこの企業もテレワーク導入にあたってはある程度のリスクもあるにしろ、効果があったという回答が８割超えであれば導入しない手はありませんね。

まずは、業務の洗い出しを実施して、テレワーク／ノンテレワークの仕分けから始めることをお勧めします。

第4章

「マルチコミュニケーション力」を高める6つのポイント

1

「マルチコミュニケーション」とは、多様な人・ツールを使い分け連携すること

「マルチコミュニケーション力」とは、**「多様な人と多岐に渡るツールを使い分けながら、連携をする**ことができる力」です。

コミュニケーションの対象としては、1対1の場合もあれば、1対多数の場合もあるでしょう。

ビジネスシーンも様々です。報告・連絡・相談の場面、面談、会議、プレゼンテーション、商談、または雑談もあります。

また、コミュニケーションの目的も色々あります。

情報共有、情報交換、情報収集、アイデア出し、意見をまとめる、合意形成、承認を得る、意志決定、評価、採用、関係構築など。

そして、コミュニケーションを図るためのツールとしては、**「電話、メール、チャット、オンライン会議システム」**などのうちから、最適なツールを選んで使うことになるでしょう。

「コミュニケーションの基本は顔を見て話すこと！」という時代もありましたが、今はオンライン会議システムが急速に普及していて、相手の表情を見ながら声を聞きながら、画面を共有して会話ができます。

一昔前からこのようなシステムは存在していましたが、それが進歩して接続状態もいいですし、ほとんどストレスなく、リアルでの会話と遜色なくコミュニケーションすることができます。

第7章でテレワークを始める際にお勧めできるツール類はご紹介しますが、ここでは、どんなコミュニケーションの場合に、どんなツールを使うのがいいのかをお伝えします。

電話

今までもこれからも、電話による音声での会話は有効です。

耳からの情報を好む人もいるので、何かあればすぐに電話する人も一定数います。

便利ですが、相手の時間を奪うことになるため、最近ではメールとセットで使う方も増えています。

メールを送っておいてから、電話して詳細を説明することを好む人もいます。

電話のいいところは、**声の調子で相手の感情がわかる**ことです。

メールだと伝わらないような相手の温度もある程度わかるので、メールやチャットでニュアンスがわからないという場合には、電話を1本入れてみると相手の様子がわかります。

一方、デメリットは情報が流れてしまうため、「言った、言わない問題」が起きがちです。

後からもめないように、**話したことや合意したことは、後からでもメールで送る**癖はつけておいたほうがいいでしょう。

メール

メールは最近ではチャットに取って代わられそうな位置づけになってきましたが、オフィシャルな場面では、やはりメールを使ってコミュニケーションする場合も多いでしょう。

かしこまった挨拶や宛名の順番や肩書きなど細かいルールもあるため、最近はメールよりも気軽なチャットのほうが好まれる場合もあります。

ただ、振り分け機能やもらったメールをフォルダーに入れて管理するなど、**もらった情報を管理する**ことや、承認をもらった場合の**エビデンスにもなる**ので、やはりお勧めではあります。

チャット

チャットは気軽です。相手がオンラインかどうかもわかるため、「ちょっと聞きたい！」という場合にはとても便利です。

最近は色々な機能が実装されているので、ファイルを添付したり、スタンプなどで気持ちを表現したりすることもでき、本当に便利に使用できます。

ただし、会話が流れてしまうため、後から情報を二次的に使用したいと思ったときに加工することには手がかかります。

大勢との会話も可能なため、テーマがどんどん変わってしまうこともあります。タイミングによっては聞きたいことが聞けなくなり、意見の強い人に流されてしまう場合もあり、意志決定や合意形成には向きません。

あくまでも、気軽な情報のやり取りに向いているツールなので、**スピード最優先のときに使う**と非常に便利です。

オンライン会議システム

最後にオンライン会議システム。音声のみ、またはカメラ付きで相手の顔を見ながら会議ができます。

また、画面を共有して資料を見せながら話をしたり、会議自体を録画できたりと機能は様々です。

1対1の面談から、1対多数のプレゼンや会議などでも使いやすいです。

相手の顔が見えるというのは、多くの情報をキャッチすることができます。

表情を見ると、理解しているのか理解していないのか、納得しているのか納得していないのか、声だけでは伝わりにくいことも相手に伝わります。

特に、カウンセリングやコーチングなど、**オンライン会議システムの適度な距離感**が意外な効果を生みます。

また、テレワークで仲間と連携のために使うものと言えば、社内イントラネット、スケジュール管理システム、共有フォルダー、社内データベース、クラウドシステム、など様々なシステムがあり、必要に応じてリモートからアクセスして使うことになります。

テレワークを始める前に、リモートでもご自身の仕事で使うツールは、必ずアクセスができることを確認しましょう。

テレワーク当日、やろうと思っていた仕事が、ツールにアクセスできないという問題で仕事にならないという状況が周囲の信頼を下げます。

まずは、**使用ツールがうまく起動し問題なく使えるかどうか、事前のテストは抜かりなく実施しましょう。**

まとめ

マルチコミュニケーション力とは、多様な人と多岐に渡るツールを使い分けながら連携をすることができる力です。自分の業務に必要なツール類は、テレワークを始める前に問題がないか、テストを実施しておきましょう。

2 仕事の関係者との「信頼関係」を再構築することが第一歩

あなたは、一緒に仕事をしている仲間をどれくらい信頼していますか？

また、あなたの仕事仲間は、あなたのことをどれくらい信頼しているでしょうか？

『7つの習慣』（キングベアー出版）の著者、スティーブン・R・コヴィー氏は、次のようなことを言っています。

『スピード・オブ・トラスト―〈信頼〉がスピードを上げ、コストを下げ、組織の影響力を最大化する』

つまり、**仲間との信頼が仕事のスピードを上げて、仕事を効率的にすることができるというのです。**

たとえば、仕事の知識も経験もスキルも100点だと思っているAさんと、知識も経験もスキルも50点だと思っているBさんに、同じ仕事をお願いして結果が返ってきた場合、あなたの確認にかける時間にはどれくらい差が出るでしょうか？

当たり前と言えば当たり前のことですが、仕事相手の信頼度と仕事にかける時間には、相関関係がありますね。

それ以外にも、相手の人間性や関係性など複数の変数があるにしろ、信頼が仕事の質や量に大きく影響すると言えるでしょう。

本項のタイトルを「仕事の関係者との『信頼関係』を再構築〜」としましたが、**「再構築」**には意味があります。

今まで目に見えるところで仕事をしていた仕事仲間や仕事相手と、リモート（遠隔）で仕事を進める状況での信頼関係の構築では、異なる部分があります。

ですから、「再構築」という言葉にしました。

では、テレワークで信頼関係を再構築していくには、何が必要でしょうか？

一番の違いは、**「相手と物理的に距離が離れている」**ということです。

お互いにオンラインではあっても、カメラで監視していない限りは、相手の状況が見えないところからコミュニケーションをスタートする必要があるのです。

今までも、誰に電話をかけるときには、配慮の一言として「今、お時間よろしいですか？」などの前置きの言葉をかけていましたが、そんな配慮が必要でしょう。

メールやチャットは、自分のタイミングで送ってみて、すぐさま返事があればいいですが、相手の状況が見えない分、返事がなくてイライラするようでは自分が苦しくなります。

相手には相手の優先順位がありますし、**できるだけ相手に対しては性善説に立って解釈する**ことが望ましいでしょう。

前章でも、信頼は信用の積み重ねであると伝えましたが、信用してもらうためにはそれと引き換えの実績や結果など、相手にとって担保になるようなものが必要です。

その担保があるからこそ、相手は信用してチャンスをくれるのです。

信頼がトラストだとすると、信用はクレジットです。

だから、クレジットの限度額を上げるためには、それだけの実績を見せる（他のローン返済の実績など）、経験を積む（今まで借りたお金をきちんと返す）、結果を出す（持っている資産や年収を開示する）それでも足りなければ、誰がサポートしてくれるかを明確にする。

仕事で信用してもらうのは、ローン会社の審査と一緒です。

そして、その信用を積み重ねて、相手はその人を信頼してくれるのです。

相手が見えなくなった瞬間、その証明が難しくなるため、**密に連絡を取り合うことや意識的に情報を共有していくこと、わかりやすく成果を相手に伝えていくこと**が大切なのです。

まとめ

信用の積み重ねが信頼です。そして、信頼してもらうと仕事がよりスピーディーに円滑に回り出します。そのためには、ノンテレワークよりも意識して仕事相手とは連携し、仕事の成果をアピールしていくことが重要です。

3 職場の仲間の状況を知って「お互い様文化」を醸成する

あなたは、職場の仲間や仕事関係の人の状況をどれくらい知っていますか？

たとえば、今の仕事の内容や担当している業務以外にも、過去の仕事経験やこれからやりたいと思っていること、大切にしている価値観など、仕事にまつわる過去・現在・未来のどんなことを知っていますか？

また、プライベートではいかがでしょうか？

家族が増えたり、転居をしたり、趣味や興味があることなど、現在のことや、過去も未来もありますね。

ご自身や家族の体調面、パートナーがいれば家事の役割分担、お子さんがいれば育児にどれだけ時間を割いているか、介護をしていればそのためにどんな事情を抱えているかなどがあります。

また、副業や複業をしているのか、雇用形態がどうなのか、将来どうしていきたいのかというキャリアビジョンなども知っているといいでしょう。

プライバシーもあるので、踏み込みすぎてもいけません。

できれば、対面で会ったときに聞ければいいですが、会ったことがない人であっても、会話の中で察することもできます。

そして、**それらの情報があれば、仕事の連携がしやすい**と思って、できる範囲の収集をしましょう。

そんな情報を集めてどうするんだ?と思われた方もいるかもしれませんが、見えない相手がどんなことで困っているのかを知っていれば防げたことでも、それを知らなかったために相手を追い込んでしまう、ということもあるのです。

たとえば、若手社員の離職や年代に関係ないメンタルダウンや体調不良など、あのときにその状況を知っていれば防げたのに……などと後から悔いても始まりません。**毎日会っていれば少しの変化でも見つけられたのに、テレワークになってしまったことによってそのサインを見逃す**ということもあるでしょう。

だからこそ、職場の仲間の状況を理解しておくことが大切なのです。

もう一つ大切なことは、**「お互い様文化」**という考え方です。

仲間に起こりうることは、もしかしたら将来的に自分にも起こる可能性があります。いくら健康でもケガをする場合もあるかもしれないですし、育児の問題はなくても介護の問題がやってくるかもしれません。

それぞれの人に起こるライフイベントは、順繰りに巡ってくるものもあるので、それは「お互い様だよね」というように考えることが「お互い様文化」です。

確かに、忙しい自分の状況で、猫の手も借りたいと思うような事態に、休みがちな人がいて、その分の仕事が自分にきたら……「やってられない！」「給料2倍くれ！」と思うかもしれません。

でも、長い目で見れば、もしかしたら自分がその状況にならないとも限りません。

仕事の評価は、上司や周囲の人も見てくれています。

やるべきことはしっかりやって、そのうえで適切なアピールをして評価をもらったほうが気持ちがいいと思いませんか？

それを仲間への不満として述べても何も解決しません。

仲間の状況を理解し、自分にできることを提案し、できないことは相談することが大切です。

まとめ

仕事仲間の状況を知るために、日頃から情報収集をすることが大切です。誰かの困った状況は、自分にも起きる可能性があります。「お互い様文化」を意識して、できることは助け合う提案をし、できないことは上司や仲間に相談しましょう。

4

テレワーカーとノンテレワーカーの格差を埋める情報共有と配慮が成功の鍵

テレワーカー（テレワークをする人）とノンテレワーカー（テレワークをしない人）が役割によって分かれる場合もあれば、仕事の中身によっても変わる場合もあります。また、なかには家庭の状況などによってテレワークができない人もいることでしょう。

テレワークができる人とテレワークができない人がいます。それぞれの事情は様々でしょうが、職場にいる人もいない人も基本的には同じ環境をつくれることが理想です。

それでもどうしても情報格差ができてしまうこともあるでしょう。

それをどう埋めていくかの配慮が大切です。

どちらに対しても公平であるべきなのですが、どうしても目に見える人を優先して情報を伝えがちです。遠隔であればあるほど、悪気はなくても忘れがちです。

「あっ、しまった。連絡してなかった！」ということがないように、できるだけ、情報はテレワーク中の人にも開示しましょう。

また、テレワークしたくてもできないノンテレワーカーの悩みとして、ＩＴリテラシーが低いこともあげられます。

ＩＴリテラシーとは、わかりやすく言うと、「ＩＴ機器やネットワークを使って、やりたいことを自分でやるために必要な情報を収集し活用することができる力」です。

こんなことをしたいと思っても、ＩＴの知識がなければうまくできない場合もあるでしょう。今さら、誰にも聞けないようなこともあれば、今までは必要なかったけれど、テレワークをするようになった瞬間に必要になってくる場合もあります。

ＩＴの情報格差をなくすために、できることを考えましょう。

たとえば、ツール類の勉強会を企画するなど、ＩＴリテラシーの高い人から低い人へ教えてあげられるような機会があればいいですね。

できる人にとって当たり前のことも、できない人にとってはストレスです。ちょっとしたことを調べるのに、何時間もかかることが、知っている人にとっては数秒で終わるようなこともたくさんあります。

誰が生徒でも先生でも、知っていることを教え合うような勉強会を実施することで、職場のＩＴリテラシーを高めることができます。

ＩＴの知識だけではなく、業務知識なども定期的な勉強会にするといいでしょう。

それが文化になると、教えることと教わることが当たり前になります。

上司も部下もなく、ベテランも若手も「ちょっと教えて」ができるようになります。

もちろん、自分で調べることも大切ですが、調べてもわからないことをそのままにしておき、わからないことが雪だるま式になってしまうことで、仕事のストレスが増えることもあります。聞きたいときに聞けないことは若手が辞めてしまう原因にもなりますし、ベテランがＩＴの知識を習得できずイライラしたり、プライドが邪魔して聞けないということもなくなります。

情報共有をし合うこと、そして**聞きにくいことを聞ける環境をつくる**ことで相手に対してての配慮ができれば、テレワーカーとノンテレワーカーの不満もなくなります。

また、役割に関係なく**自分の強みを職場全体に提供できて、お互いに自分の出番があるという状態をつくることを目指しましょう。そして、それを、オンライン会議システムを使ってできるのであれば、素晴らしいことです。

たとえば、若手がＩＴの知識を教える先生になり、ベテランが仕事のノウハウを教える先生になる。メダカの学校の歌のように「誰が生徒か、先生か？」という職場の環境をつくることを目指しましょう。

テレワークで減ってしまったコミュニケーションを増やすためにも、**勉強会を実施する**ことで、テレワーク自体もきっとうまくいきます！

まとめ

テレワーカーとノンテレワーカーにはＩＴリテラシーの格差が影響している場合もあります。知らないことを今さら知らないと言いにくい場合もあることでしょう。社内で様々な勉強会を企画することで、ＩＴリテラシーの格差をなくしていきましょう。他のテーマでも勉強会を実施することで、コミュニケーションの量も増えます。

5
情報共有の仕方で、仕事の効率は高まる

前項では情報共有についてお伝えしてきましたが、本項では仕事の効率を高めることに焦点を当ててお伝えします。


仕事の効率がいいとは、どういうことでしょうか？

提供した時間、労力に対して、それ以上の成果があること。

同じ労力でたくさんの成果が出ること。

仕事上のムダ・ムリ・ムラをなくすこと。

同じことができる人を増やすこと。

など様々な定義や解釈はありますが、手間をかけずに多くのことができれば効率がいいと言えますね。

それと情報共有がどう関係するのか？　しかも、テレワークという仕事の環境で、どうしたら効率化ができるかを考えましょう。

そもそも、情報とは何でしょうか？

組織を人の身体にたとえると、**「情報は人の身体を流れる血液」**だと考えます。

栄養や酸素がたっぷり入ったフレッシュな血液が、体内をサラサラと流れている身体であれば、基本的には身体は健康です。

それがドロドロの血液が流れていたり、毛細血管まで流れなかったり、血管が破れて出血すれば、大惨事になります。組織も同じです。

一番怖いのは、**「情報漏洩」**です。

技術的なセキュリティ対策については、社内に専門家を置いてしっかり管理することが大切です。

ヒューマンエラーは、絶対にゼロにはできません。

その前提で考えることが大切です。

持ち出してもいい情報と持ち出せない情報、印刷していいものといけないもの。特に、**個人情報を扱う場合には、厳密なルール設定をしておく**ことが大切です。ルール化については次の項目でお伝えします。

ヒューマンエラーは、テレワークでもノンテレワークでも対策は必要です。そもそもミスが起きにくい仕組みやプロセスはどこの職場でも考えていることでしょうが、それが在宅になった瞬間、同じことができなくなるということもあります。たとえば、必ずダブルチェックをするというオペレーションになっていたとしても、隣に人がいなければそれもできません。

まずは、**テレワークを開始する前にシミュレーションをしておく**ことで、機能しなくなるであろうプロセスを事前に洗い出しましょう。

情報漏洩以外にも、情報の問題はあります。

たとえば、望ましい血液の状態としては、「栄養や酸素がたっぷり入ったフレッシュな血液」と書きましたが、**栄養や酸素は情報の「内容（コンテンツ）」**です。

誰にとって必要なのか、どれくらいの量が必要なのか、受け取る側にもよります。
情報が多すぎたり、足りなすぎてもいけません。
相手に合わせて出し入れしなければ、無駄なやり取りが発生することになります。

また、情報は**「フレッシュさが命」**です。古いバージョンの情報を流してしまったり、間違った情報を流してしまうと、現場が混乱します。

ですから、情報の出所やいつ付けの情報なのかなど、メールのように宛先、発信元、発信時間、テーマ、緊急性などは、少なくてもカバーしておく必要があります。

適切な情報が、相手にサラサラと流れれば、仕事のスピードも高まります。

反対に、何が言いたいのかわからないようなポイントが不明瞭で、自分に関係ない情報が含まれているような情報過多のものは、受け取り手が混乱します。

わかる情報とは、しっかりと「分けている」情報です。

たとえば、これはある、これはない。この場面では起きていて、この場面では起きていない。あるいは、メリットとデメリットを伝える。などの対比で整理して伝えることも大切でしょう。

また、事実と意見に分けることも必要です。

さらに、ポイントを３つに分けて伝えたり、「５Ｗ３Ｈ」（When: いつ、Where: どこで、Who: 誰が、What: 何を、Why: なぜ、How much: いくらで、How many: どのくらい、How to: どうした）で整理するなどして伝えることも大切です。

このように情報が小分けになっていれば、相手も理解しやすく、自分に必要な情報とそうではない情報に分けられます。

そうしておくことで、テレワークで離れている相手であっても、情報のやりとりが速やかになり、結果的に仕事が効率的に行える環境が整うのです。

まとめ

情報共有をうまくやることで、テレワークでの効率性は高まります。情報は共有しすぎても漏洩につながりますし、不足や不備や誤りがあっては現場の混乱の元になります。必要に応じて分けて伝えましょう。

6

職場での「テレワークのルール」を決めて共有しておくことの大切さ

職場でのルールは決まっていますか？

挨拶は明るく元気に、相手の目を見てさわやかに。

人の話を聞くときにはパソコンの画面から目を離し、話し手に向き合う。

会議は事前に議題を設定し、時間は1時間まで。

など、**言いにくいことをルールにして貼り出しておく**ことで、人が不快に思うことを防止することができます。


テレワークを導入する際にも、事前に起きそうなこと、それをされると不快だと思うようなことをルールにしてしまうと、お互いに気持ちよく仕事ができます。

オフィス内への貼り出しだけでは、テレワーカーは見られないので、掲示板で共有したり、会議の際に確認したりするなど、なるべくチームメンバーが思い出せるような仕掛けになっているといいでしょう。

このルール化作戦は、職場のハラスメント防止にも役に立ちますし、特に会議の際には有効です。

ルールであれば、それを守らなかったときにも指摘がしやすいですし、自分でも気づくきっかけになることもあります。

たとえば、休憩時間の使い方などは人事の規定があっても、各職場によって、上司の解釈によって、バラバラになることがあります。

基準になるものがないと、不公平になり、それも誰も指摘できないと、職場がダレます。

それで、職場の倫理が乱れて無法地帯になる例をずいぶん見てきました。

特に、成果主義で、結果だけ出していれば誰からも注意されないというような空気になってしまうと、職場のみんなの士気も下がります。

また、若手の教育上もよくありません。

雇用形態が違う人たちの管理もうまくできないことになります。

ある程度の柔軟性は持たせながらも、これは譲れないというルールは設定し、全員の合意を得たうえで共有する。

そして、時代に合わないルールは改定することをお勧めします。

権利だけを主張して、義務を果たさないような社員の横行を防ぐためにも、みんなが守って気持ちのいいルールづくりを実施しましょう。

まとめ

テレワークを機に、職場のルールづくりを行いましょう。ルールをつくれば、お互いに気持ちよく仕事ができます。人事の規定ではカバーしきれないような現場の決め事を共有しておけば、誰でも指摘ができます。そして、おかしなルールは時々見直しましょう。

第４章　まとめ

- 「コミュニケーションツール」が、うまく起動し問題なく使えるかどうかのテストは必須。

- 離れているからこそ、仕事の関係者との信頼関係を再構築する。

- 仲間の状況を理解し、自分にできることを提案し、できないことは相談する。

- ノンテレワーカーとのITの情報格差をなくすために、できることを考える。

- 情報共有の仕組みを理解し、お互いに理解しやすい運用を心がける。

- 職場のルールを設定し、全員の合意を得たうえで共有する。

コラム　在宅ワークでルーティーンが変わる家族への配慮をしよう！

在宅勤務をしたくない理由として、ご家族がいる方は「仕事に集中できない」「仕事をする環境がつくれない」「家族に気を遣う」などという声をよく聞きます。

主婦の立場からすれば、単純に３食を提供しなければならないのは、心理的にも、労力的にも負担です。

自分と子どもだけであれば、簡単にすませていたランチも、一人増えると思うとある程度のものを準備しないといけないと考えるでしょう。

また、元々自宅にいる家族には、それぞれのルーティーンがあることでしょう。

いつまでに洗濯を終えて、掃除を終えて、ソファーでテレビを観るなど。

それが崩れてしまうことに対して、ある程度のストレスを感じる家族もいることでしょう。

お互い見えなければ気にならないことも、見えてしまうからこそ、「そこにいるなら、やってよ」とか、「忙しく仕事をしているんだから、わかれよ」というように、つい自分視点での物の見方になりがちです。

まずは、テレワークを実施する場合には、そこに至った背景やどれくらいのサイクルで在宅勤務になるのか、そして、どんな協力を家族に望むのかを伝えましょう。

また、ときには隙間時間に家事を手伝うとか、昼休みには子どもの面倒を見るなど、仕事の合間にできることを探して協力しましょう。

第5章

「成果の見せる化力」を高める6つのポイント

1

いつでも「オンライン」状態にしておくことの大切さ

私が所属していたグローバル企業の海外のマネージャは、日本のマネージャのようにオフィスにいる人を管理しているわけではなく、物理的に場所が離れた海外の人をマネージしている人もいます。

アメリカ国内では、４０００キロも離れ、１度も会ったことがないような人が部下になることもあります。

また、アジアパシフィックの統括マネージャは、アジア圏の各国とオーストラリアなど、様々な母国語の人たちと英語でコミュニケーションします。

上司は韓国、部下は日本とタイとシンガポールとインドとニュージーランド、などというチームはざらにありました。

互いが片言の英語の場合もありますし、回線の状態が悪い国もまだあります。

それでも、仕事は仕事！　きちんと成果が出せる組織を運営することはできるのです。

そのような状況と比較しても、同じ日本人同士で距離も東京と北海道、東京と福岡どちらも１０００キロ程度ですし、言葉も日本語同士です。

それなのに、テレワークで仕事の成果が出ないわけがありません。

さて、そんな私たちがいつでもどこでも、オンライン状態にしておくことは確かに難しいです。

たとえば、集中して仕事に没頭していれば、電話を取り損ねることだってあるでしょう。トイレに立ったときに、チャットがくるかもしれません。

極端な表現ですが、**「いつでもオンライン状態にしておくくらいの気持ちでいてください」**という意味です。

逆に、席を外すとか、休憩時間をズラす、シフトの時間があるなどの場合には、**あ**

らかじめ自分のスケジュールをチームに共有しておくことが大切です。

相手は、相手の都合で連絡をしてくるので、それが叶えられなければ、「やっぱり在宅はダメだな」とか、「〇〇さん、どこいっちゃったのかな？　もしかして……」と、あらぬことを勝手に想像されてしまうことが、少しずつ信頼を失っていくのです。

だからこそ、オンラインなのかオフラインなのかを、はっきりさせておくことが大切なのです。

また、仕事できちんと成果を出していれば相手も信頼するので、多少連絡が遅れたとしても細かいことは言わなくなるのです。

まとめ

できるだけ仕事時間はオンラインでいましょう。もし、不在になる場合には、あらかじめ、オフラインになることを理由と共に伝えておくことです。そうして信用してもらい、それから仕事の結果を出して信頼を勝ち取りましょう。

2

「考える時間」と「作業の時間」を分けて管理し、仕事の質と量を明確にする

一人でテレワークしているときは、考える時間と作業の時間、どちらを多く取りたいですか？

たとえば、一人で集中できる環境が確保できるのであれば、考える時間に充ててもいいですし、割とザワザワしていて気が散るような環境であれば、細切れにできる作業のほうが向いているかもしれません。

集中力を高めて、クリエイティブな仕事をするなら断然昼前がいいです。

そして、ランチ後はどうしても消化のために血液が内臓に集中するため、脳がお留守になります。ですから、**午後3時くらいまでは、人と話す会議や手を動かす作業をする**ことをお勧めします。

必ずしも、考えた時間の分だけアウトプットするかというと、そんなことはありませんね。考えても、考えても、アイデアが出てこない場合もありますし、自分の考えを結晶化するには長い時間かかる場合もあります。

そんな日に報告書を書こうとすると、「○○について検討」以上、というような「本当に仕事していたんですか？」と言われかねないレポートになってしまいます。

一人で考えても、考えがまとまらない場合には、誰かに聞いてもらいましょう。「○○の件なんだけど、ちょっと脳みそ貸して」と言うように、途中までの意見を誰かにしゃべると、自然に整理されてきます。

また、他者の視点でもらえたアドバイスが、新しい考えを生み出すこともあります。誰かの時間をもらうことに遠慮があるなら、「ちょっとランチの時間15分ちょうだい」とか、「10分チャットに付き合って」というだけでも、色々なアイデアをもらえるでしょう。

作業は量です。効率化が大切なので、きちんと段取りをします。

まずは、目標設定から行い、必要な準備物を揃え、プロセスを確認し、チェックポイントを決めてそれに沿って仕事をします。

結果を確認して、振り返りを実施しましょう。同じ仕事はないかもしれませんが、自分のスキルや経験、能力がどう変化したのかを振り返っておきましょう。

テレワークの観点だと作業は報告しやすいため、仕事の成果としては見えやすいです。

反対に、テレワークを**考える**時間に充てた場合には、費やした時間に対してのふさわしいアウトプットが必ずしも出ない可能性があります。

ここで言う「考える」とは、**「コンセプチュアル化」**することです。

コンセプチュアル化とは、概念化のことです。

単に、作業をするための効率化を考えたりすることとは違います。

たとえば、新しいサービスの立ち上げやプロジェクトの全体像を描くなど、1日中考えてもできあがるようなものではありません。

それを、テレワークでやろうとすると、その日の成果が見えにくいのです。

あえて、それをテレワークでしようとするのであれば、一人でやらずに、会議を開催するなり、ヒアリングで経験者の意見をもらうなり、誰かしらのノウハウを引き出すような行動があるといいでしょう。

概念化するには膨大なアイデアをできるだけ広げて、足したり引いたり、掛けたり割ったりすることで、最終的に煎じ詰めて結晶化するのです。

そして、それには相当の時間がかかりますし、いくらやってもその日のうちに成果が出る保証はないので、やり方の工夫が必要です。

そして、量よりも質を求められる仕事には、ある程度の量が必要になることも理解しておきましょう。

まとめ

テレワークでの仕事は、考える時間と作業の時間を分けて管理しておくことが大切です。考える作業は、すぐに結果が出ないこともあります。また、仕事の質を求められるときには、ある程度の量もやはり必要になります。

3

仕事の成果は、「短期と長期」で分けて管理しないと評価されない

仕事の成果を見せるときには、**短期と長期で分けて考える**ことが大切です。

テレワークになったからといって、仕事の目的や目標やゴールが変わるわけではありません。

テレワークは、あくまでも仕事をやるための方法です。

仕事には、必ず「目的」があります。

「何のためにやっているのか？」という理由が目的になります。

その目的を果たすために、仕事の目標があります。

目標とは目的を果たすために、うまくいっているかを確認するための道標です。

だから、目標はその基準がわかるようになっていなければなりません。

また、それに似た言葉でゴールがあります。

ゴールは達成の基準なので、必ず数値化されます。サッカーのゴールのように、入った、入らなかったのか、がはっきりわかることです。


目的は、日本一のサッカーチームになること。

目標は、この試合に勝つこと。ゴールは3点取ること。

目的は長期的なものです。すぐに達成できることは、目的とは呼びません。

でも、目的がないと、仕事はただの作業になってしまいます。

すべての仕事には目的があるべきですし、その**目的は企業理念やビジョンやミッションにつながっているべき**です。


目標やゴールに対して仕事がうまくできているか、うまくいっていれば成果がありますし、うまくいっていなければ成果が出ていないことになります。

それを短期的に見る場合もあれば、長期的に見る場合もあります。

短期的に成果が出続けていれば、長期的にも成果が出るでしょうが、仕事はそんなに簡単に上り調子でいけるとは限りません。

上がったり下がったりするドラマがあります。

いつも短期的で見るのではなく、**長期的なスパンで成果を見ていく**ことも大切です。

普段はわかっていても、テレワークで一人仕事になった瞬間、短期的な成果に走りがちです。

上司に見られていない分、無意識にわかりやすい成果を出そうとするからです。

上司も同様に、管理しやすい、わかりやすい成果を求めます。

その方向で仕事をやっていると、大きな仕事の目的を見失いがちですし、組織の理念やビジョン、ミッションなどともズレていきます。

仕事は短期的な成果も長期的な成果もどちらも大切です。

まとめ

仕事の目的、目標、ゴールは、企業理念、ビジョン、ミッションとつながっています。テレワークで一人仕事をしていると、つい短期的な成果に目がいきがちですが、長期的な成果も意識的に狙っていくことが大切です。

4

上司へのわかりやすい「仕事のアピール方法」を持っておく

奥ゆかしい日本人にとって、自分の仕事をアピールするのは、美学に反するかもしれません。

それでも、働き方の選択肢として**テレワークを導入するのであれば、自分の仕事についてきちんとアピールすることは大切なこと**なのです。

物理的に離れている状況でも、上司や部下や同僚やお客様と連携をして仕事をすることで、組織としての成果は見えるかもしれません。

しかし、個人がその組織の出した成果のどんなことを担ったのかは、あなたを評価する上司には、どうしても見えにくくなります。

評価する側の上司も、テレワークには慣れていないので、正当な評価をしてもらうためにも、**何をしたのかをわかりやすくアピールしておく**必要があります。

自分の身は、自分で守らなければなりません。

どんなに大切な仕事をしていても、大きな仕事の一部を担っていても、自分のアイデアが採用されてプロジェクトを立て直すことができたとしても、そこにどう自分が関わったのかが伝わらなければ、埋もれてしまいます。

自分の価値を自分でわかって、客観的に伝えられなければ、相手にもなかなか伝わりません。

では、どうしたら嫌味なくアピールできるでしょうか？

まずは、できる限り「**数値化**」することが大切です。

営業であれば、数値化は比較的やりやすいですが、それ以外の職種は数値化するのは難しいことでしょう。

でも、業務改善をすれば意外に簡単に成果が出せます。

たとえば、ご自身の関わる仕事を10個のプロセスに分割し、関係者に確認したところ、5個目のプロセスは必要ないということがわかったとします。

不要となったプロセスにどれくらいの時間がかかっていたのかを確認します。

場合によっては、ストップウォッチを持って、5個目のプロセスに平均するとどれくらい時間がかかっているのかを計りましょう。

その時間 × 仕事の発生する頻度を計算してみると、それが削減できる時間となります。

給与を勤務時間で割って時給を計算して、削減した時間を掛けると金額が出るので、それを年で計算したりすると結構な金額になります。

また、チーム全体でやるといくらになるかを計算したり、全社で導入したらいくらになるかなど、数字にしていくと色々な可能性が見えます。

ビジネスは常に動いているので、その値が正しいかどうかは誰にもわかりませんが、今の条件で仮説を立てて計算してみれば、この先削減できるであろう金額まで仮説として計算できます。

そのように、実際に削減した時間や金額、今後仮説として期待できる時間や金額などを、自分の仕事の成果として報告しましょう。

それを、業務改善やコスト削減につなげていくこともできるので、**やりたいことを数値化して上司に提案していきましょう。**

テレワークで離れていればいるほど、そのような**仕事の見せる化**の工夫が必要です。

まとめ

上司へのわかりやすい仕事のアピールの方法は、とにかく数値化することです。業務改善やコスト削減など、自分の成果を時間や金額に置き換えて報告しましょう。また、この先に期待できる業務改善の効果を数値化して見せれば、さらなる仕事の成果が期待できます。

5

「1時間ごとの業務報告を出せ！」と言われても出せる準備をしておく

「マイクロマネジメント」という言葉を聞いたことがありますか？

マネジメントのスタイルによっては、細かいことまで知っておきたいと考える上司もいます。

そんなマネジメントスタイルを、マイクロマネジメントと言います。

それが絶対に悪いわけではないですが、管理もいきすぎると、指示がないと仕事ができない部下を育てることになったり、自分で考えられない社員にしてしまうことがあります。

テレワークを導入した途端、心配性の上司や、部下を信頼できない上司は、もしか

したら、

「1時間ごとに業務報告書を出せ！」

と言うかもしれません。

もし言われなくても、**それくらいの単位で自分のした仕事についての報告ができるように記録を取っておく**こともお勧めです。

調べ物をしているうちに、あっという間に1時間くらいは経ちます。

その時点では必要な仕事をしたはずなのに、振り返ると「何をしていたんだろう？」というような時間になってしまうので、思い出しのためメモを取っておきましょう。


テレワークをしていると、様々なツールを使って色々な仕事の関係者とコミュニケーションを取るので、自分の仕事の痕跡はあちらこちらに散らばってしまいます。

そうならないように**「タスクリスト」をつくっておいて、そこに実績を書き込んでいく**とブレなく仕事も進むので、それをお勧めします。

実際に、上司から細かい報告書を求められるかどうかはわかりませんが、ある程度の精度で報告できるような準備だけはしておきましょう。

そうすることで、自分の仕事でどこにムダがあるのか、計画のどこにムリがあったのか、仕事に集中できないのは、どんなムラがあったのかもわかります。

テレワークをすることで、自分の仕事のやり方を見直すためのいい機会にしていきましょう。

まとめ

タスクリストをつくり、実際にリストどおりに仕事ができたかを記録しておきましょう。テレワークでの仕事の成果を上司に報告するためにも利用できます。また、自身の仕事のムダ・ムリ・ムラを見直すチャンスにもなります。

6

上司のタイプをつかんで、成果をアピールしよう

せっかく上司に仕事の成果をアピールするのであれば、その上司によってアピールするポイントがわかっていると効果的です。

本項目では、エニアグラムという**9つの性格タイプ**の特徴と、上司へのアピールポイントをまとめました。

特に上司と離れて仕事をする場合のポイントに絞って記載したので、エニアグラムについて詳しく学びたい方は、拙著『職場の「苦手な人」を最強の味方に変える方法』（ＰＨＰ研究所）を参考になさってください。

タイプ1　正義の人

【特徴】完璧を目指し、ハードに努力をする。人にも厳しく、「こうあるべき」という信念が強い。こだわりが強く、細かいことも気になると重箱の隅をつつくような指摘をすることもある。

【ポイント】資料などは美的感覚を大切にしているため、些末《さまつ》な部分に対して厳しくチェックする場合もある。上司の「こうあるべき」という想いを汲んで動くことが大切。テレワークでは仕事の締め切り前に、もっとこうしてほしいという完成度を高めるような指示がある場合もあるため、締め切りに余裕を持って、仕事の完成のイメージを上司と共有しておくことが大切。

タイプ2　貢献の人

【特徴】常に他者のために貢献したいと思っている。部下に仕事を任せていても、つい気になって口を出し、手を出すこともある。いきすぎるとお節介になってしまう場合もあり、部下が育たないことにも注意が必要。

【ポイント】仕事を任せてもらえたと思っても、結局は上司自身が役に立ちたいという想いが強い。仕事の境界線を越えて、あれこれ口を出してくることもあるため、上司には小まめに報告し、その都度感謝を伝えるとよい。

タイプ３　成果の人

【特徴】仕事はスピーディーに進める。その場その場で判断するため、朝の指示と夕方では指示内容が変わる場合もある。自分自身も成果を上げて目立つことを好むため、部下にもわかりやすい成果を求める傾向がある。

【ポイント】上司のペースが速いため、相手に合わせて報連相する必要がある。１度出した指示が途中で変わる場合もあり、柔軟に対応することも大切。上司には、手柄は渡すつもりでマメに成果を報告するとよい。

タイプ4　個性の人

【特徴】考え方も存在自体も独創的である。当たり前であることには価値がないと思いがちなので、人をあっと言わせるようなことを求める。イメージやインスピレーションを大切にするため、思い付きで指示することもある。

【ポイント】平凡な考えや変化のない提案はNG！　上司の突拍子のないアイデアを形にしてあげられるとよいパートナーになれる。上司の考えについていくためには、なるべく密にコミュニケーションするとよい。

タイプ5　分析の人

【特徴】結論には、確固たる裏付け、根拠がないと受け入れられない。膨大な情報やデータをインプットするが、アウトプットは少なめ。一つの結論を導き出すのに時間がかかるため、瞬発力には欠ける場合がある。

【ポイント】とにかく、結論とその理由や裏付けがロジカルであることが大切。言っていることの根拠が薄いと、取り合ってもらえないため、提出するものには、数値化や信頼性のある根拠を提示できるようにするとよい。

タイプ6　信頼の人

【特徴】安心安全が何よりも大切。常にリスクが頭に浮かんでいるため、石橋を叩いて割ることもある。与えられた役割を果たし、信頼に応えるために自分なりの努力は惜しまない。人にも同じように求める傾向あり。

【ポイント】冒険よりも安心を大切にするため、実績のあるやり方や成功事例にそった方法を好む。マニュアル化や役割分担決めなど、誰がやってもうまくいくような仕事の仕方を意識してアウトプットするとよい。

タイプ7　楽観の人

【特徴】何をするにも、常に楽しいことが大切である。ムードメーカー的な存在で、周囲を明るく楽しい雰囲気づくりができる。思い付きであれこれ楽しい企画を出すが、飽きっぽいので最後までやり切ることは苦手。

【ポイント】思い付きやひらめきを大切にするが、それを実行しやり切ることが難しいため、そこをうまくサポートできるとよい。文字ではイメージが伝わりにくいため、オンライン会議などで情報収集が必要。

タイプ8　力の人

【特徴】言葉はストレートで、白黒ハッキリするような態度を取る。身内を守り、外部の人には強く出る場合もある親分肌なところがある。自分の力を誇示するようなところがあるので、駆け引きはしない。

【ポイント】上司の懐に入ってしまうとうまくいく。外に対して自分の強さを誇示したいので、上司の力を頼ってよい。上司が交渉するために必要な情報を、コンパクトにわかりやすくまとめて渡せばうまくいく。

タイプ９　平和の人

【特徴】争いごとは好まず、組織内のバランスを取りたい。決断することが苦手で、結論は先延ばしにしがちである。職場の雰囲気や会議の雰囲気など居心地がよい状態を好み、そのために尽力する。

【ポイント】常に職場のバランスを気にしているので、雰囲気が壊れるようなことは好まない。急激な変化を避けて、何とかなると楽観視することもあるため、判断のために必要な情報は早めに正確に提出するとよい。

これだけの情報で上司のタイプは特定できない場合もあるでしょうが、複数のタイプが当てはまる場合には、複数のアピールポイントを試してみてください。

9つのタイプの性格によっては、何を成果にアピールするのか、求めているものが真逆のタイプもあります。

自分が良かれと思って、1日かけて作成した文書やプレゼンが相手にとって的外れになってしまうことは残念です。

会って話せるときに、上司の求めている成果は話し合っておく必要がありますが、離れて仕事していると、どうしても独りよがりなアウトプットになりがちです。

上司用に書きましたが、ご自身のタイプも当たりをつけてみることも有効です。

上司と自分にどんなギャップがあるのかがわかれば、上司に合わせて仕事の成果を見せることもできるようになるでしょう。

第５章　まとめ

- 相手の信頼を失わないために、オンラインかオフラインかをはっきりさせておく。

- 「考える時間と作業の時間」を分けて管理することで、的確なアピールができる。

- 組織の理念やビジョン、ミッションとズレないためにも、「長期的な成果」を意識する。

- 仕事の成果は、とにかく「数値化」してアピールすることが大事。

- 「タスクリスト」をつくって、実績を書き込んでおくと、報告するときに活用できる。

- 上司の性格タイプをつかんで、効果的なアピールをする。

コラム　アナログツールも活用しよう！

テレワークでは、ITの技術を使ったツール類がスポットライトを浴びますが、じつはアナログなツールも改めて活用すると便利なものもあります。

・A4/B4サイズのホワイトボード

手元に置けるようなものが一つあると便利です。

オンライン会議中にマイクをミュート（消音）にした状態で、「YES／NO」などの意思表示をしたり、議事を進めるうえでの必要なことを書き出すのに便利です。

・静電気を利用したどこでも貼れるA1サイズのシート

ホワイトボードと同様に、書いて消して、どこにでも貼り直しできるので、自宅の壁に貼って利用できます。

・クリップボード

サイズは様々ですが、白いコピー用紙を挟んでメモ書きとして使います。大切なメモもバラバラにならずに保管もできて便利です。

・キッチンタイマー／アラーム

たとえば30分以上考えても答えが得られないような場合には、キッチンタイマーで制限時間を設けます。

また、仕事に集中しすぎて約束の時間を忘れることがないように、アラームをかけます。

IT化を進めることも大切ですが、アナログな道具も組み合わせて使うことで業務を効率的に進めることができます。

第6章

さらに成果を上げる「ビジネスコミュニケーションスキル」を高める7つのヒント

1

テレワークで差がつく！「報連相」のコツ

テレワークで仕事相手と離れているからこそ、「報告・連絡・相談」は重要です。

報告とは、仕事の結果・進捗状況を関係者に伝えること

主には仕事の依頼主に対して仕事の完了時、適切なタイミングで伝えます。あらかじめ何を報告するべきか、報告の内容については合意を得ておきましょう。

連絡とは、必要な情報を関係者に伝えること

誰に、どこまで連絡するかは難しいものです。

連絡すべき内容、項目、連絡先など必要な情報も整理しておきましょう。連絡しようと思ったときに、上司に確認するとなると、上司の時間を奪うことになります。

相談とは、不明点・変更・実行について関係者に意見を伺うこと

テレワークでは、相手が見えない分、相談がしにくい場合があります。

悪いことほど早く相談することが必要です。放っておくとどんな悪影響があるのかを考えて、早めに相談しましょう。

緊急度や相談する内容により、適切なツールを使い分けましょう。

詳細は、次の項目でお伝えします。

そして、無駄な報連相は相手の時間を奪うことになりますが、テレワークで相手が見えない場合には、どのような方法がベストか、頻度が適切なのかを意識する必要があります。

まずは、仕事仲間とスケジュール共有をしておくことが基本です。

集中する時間とコミュニケーションの時間を分けておくことがお勧めです。たとえば、**仕事の開始、午後一番、終業時間前など、報連相タイムを設定**してもいいでしょう。

緊急の場合には、この限りではありませんが、急ぎではない場合には、時間を決めて報連相するようにしておけば、上司がバラバラと振り回されなくてすみます。

自分から上司への報告時間は5分だったとしても、上司に部下が10名いれば、上司にとっては50分の報告を受ける時間が必要です。

また、報連相の方法も適切なツールを選ぶことで、お互いの仕事が中断されることもありません。

重要度と緊急度によりますが、**あらかじめ緊急対応の基準を決めておく**ことも必要です。離れているからこそ、相手への配慮が必要です。

まとめ

テレワークだからこそ、報連相のときにも相手への配慮が必要です。職場ではスケジュールを共有し、集中タイムと報連相タイムを決めておくなど、ルールを決めておけば、お互いの時間を有効に使うことができます。

2 ビジネスシーン別に「ツール」を使い分けて、コミュニケーションで成果を出そう

第４章でも多様なコミュニケーションツールについてご紹介しましたが、ここでは、ビジネスシーンを意識してツールの使い分けの話をいたします。

各ツールの特徴を押さえて使い分けができれば、相手と離れていたとしても、効果的なビジネスコミュニケーションができます。

そして、離れていても安心してお互いを信頼し、仕事で成果を出すことができます。

使用するツールは、一般的なものを想定しているので、足りないツールがあれば必要に応じて選んでください。

朝礼・昼礼・終礼

業務時間開始時や終了時に、朝礼・終礼を実施することをお勧めします。もしフレックスタイムを導入していて、朝夕メンバーが揃わないような場合には、お昼に昼礼を実施することも有効です。

ヘルスチェック、その日の予定の確認、連絡事項を短い時間でも共有しましょう。10分でも全員が顔を合わせられるといいでしょう。

お勧めのツールは、可能であれば**オンライン会議システム**がいいですが、難しい場合には、**電話・チャット**でコミュニケーションします。

また、**ネット掲示板**（なければ、ワードなどで文書化し、誰でも見られる共通フォルダーに保存しましょう）は、連絡事項や決定事項を掲載しましょう。

社内会議

事前に**会議目的、参加者への期待、アジェンダ（議事）を共有**しておきます。

目的を明確にすれば、必ずしも会議でなくてもいい場合もあります。

たとえば、情報共有のような一方通行の会議は、そもそも会議である必要はないかもしれません。

たとえば、知ってほしい情報をメールで共有しておき、質問と回答をＦＡＱ（よくある質問）にまとめて、共有しておくことも可能です。

議論が必要な会議であれば、オンライン会議システムが最適です。

事前に資料はメールにて送付し、根回しのため関係者に電話をし、会議での決定事項は議事録に添付してメールで送付、その資料は共有フォルダーに保存しておきましょう。

評価・指導のための面談

評価や部下指導のための面談については、**オンライン会議システム**がいいでしょう。

やはり事前の準備が大切ですので、相手にフィードバックするための**「評価シート」**なども準備しましょう。

ネガティブなことを伝える時には、特に**「相手の顔が見える」**ことが望ましいです。

電話だけでは、相手の反応がわかりにくいので、思った以上にダメージを受ける場合もあります。

面談で使用したシートは、二人だけしか見えないようにファイルの保存場所には注意が必要です。

パスワードをかけるなど、セキュリティーが守れるように気をつけましょう。

コミュニケーションでのトラブル

社内でも社外でも、些細なコミュニケーショントラブルは起きます。

それが遠隔であればなおさら、小さな問題も大きくなりがちです。

電車で足を踏まれたほうはいつまでも覚えていますが、踏んだほうが意外とすぐに忘れてしまいます。

ちょっとした誤解はすぐに解く！　そのためには、まずは**一本電話して誤解を解いておく**ことが大切です。

研修・セミナー・勉強会・プレゼン

オンライン会議システムも急速に進化しています。基本的な機能は、動画と音声、資料を共有しながら、自分を表現することができます。相手の反応を見ながら、ライブ感を楽しみましょう。**使用した資料は後日共有し、実施後にはアンケートを取り、次につなげましょう。**

まとめ

様々なビジネスコミュニケーションのためのツールがあります。ビジネスコミュニケーションのシーン別に、その場で最適なものを使い分けることが必要です。ツールはあくまでも道具です。仕事の目的に合わせて使い分け、仕事で成果を出しましょう。

3 短時間で成果を出す！　会議を運営する「ファシリテーション」のスキル

会議もオンラインで実施可能です。

ファシリテーションとは**議論を促進すること**ですが、オンラインでやるのであれば、リアルでやるとき以上の準備が必要です。

会議には様々な目的があります。意思決定、意見収集、情報共有、議論など、短い時間で効率的にやるためには、目的を決めて準備をすることが大切です。

まずは、**どんな目的で何を話し合うのかという議題（アジェンダ）を必ず設定**します。そして、それを**参加者にも共有**します。

短時間で効率的な会議を実施するためには絶対に必要なことです。

会議の司会進行役を**ファシリテーター**と言いますが、一方的に話す司会ではなく、**意見を引き出す司会**を目指しましょう。

最初に会議の目的や概要を伝えましょう。

会議のルールを設定しておくことも重要です。

特にオンラインの場合は、次のようなルールを共有しておくことがお勧めです。

- **発言が重なると聞こえなくなるため、発言の前に名乗って許可をもらってから発言する。**
- **反応が見えにくいので、うなずく、拍手、ＧＯＯＤポーズ、などのリアクションを返すようにする。**
- **結論から伝えて、理由・根拠を添える。**
- **多数決は最後の手段として、合意で決めていく。**

その後、数分はウォーミングアップとして、一人一言ずつ近況や会議への期待や今の気持ちなどを伝えてもらいます。

そうすることで、会議の場が和み、発言もしやすくなります。

できれば、司会以外にも**書記やタイムキーパーを決めて役割分担**をすると、会議進行に集中できます。

会議は必ず、**発散と収束**をして、**最終的には結論**に導いていきます。

発散とは、会議の目的に向かって参加者の意見を広げていったり、深めていったりします。

目的からズレる人は、目的に戻してあげましょう。

収束とは、たくさん出た意見から整理してまとめていくことです。

まとめは、何かしら具体的な行動に落とし込み、誰がいつまでにやるかを決めることで仕事が前に進みます。

NGな会議は、発散したり収束したり議論の流れが見えないことです。

アイデア出しの時間には発散して、出た意見をまとめていくときには収束をしていきます。

発散の言葉

「他には？」（拡大・横展開）
「具体的には？」（深化・深掘り）

収束の言葉

「まとめると？」

「一言で言うと？」

「結論は？」


このように意識をしていくと、議論の流れが見えます。

ファシリテーターが意図して会議をコントロールすれば、行きつ戻りつすることもなく、会議の目的を達成することができます。

また、役割としては、書記がホワイトボードに参加者の意見を書き出していきますが、テレワークだとホワイトボードを映し出すことが難しい場合もあるでしょう。

静電気で貼れるホワイトボードシートという商品が売られているので、それがあると、家のどこでもホワイトボードになるので便利です。

そして、タイムキーパーは、会議目的の共有、発散、収束、結論などと時間を区切ってコントロールします。

そして、**会議後には、手早く議事録をまとめて関係者に共有**します。

議事録には結論や、決定事項としてアクションアイテム（誰が何をいつまでにやる！）という行動する項目を具体的に記載します。

会議後には、そのアクションアイテムの進捗状況を追っていくことで、必ず成果が出ます。

まとめ

会議をしても話が前に進まないとか、会議後に議論が蒸し返されるというダメ会議を脱するためにも、ファシリテーターは事前に会議を設計しておき、目的を押さえて、発散と収束を意識し、最後にアクションアイテムをまとめていくことが大切です。

4 言いたいことが言える！発言するための「カットイン」のスキル

この項目も会議についてですが、主に参加者に必要なスキルをお伝えします。
あなたは言いたいことがあるのに、誰かが一方的に話していて、口を挟む前にその話題は終わってしまった……という経験はありませんか？

海外メンバーとオンライン会議をしていると、他国の人は本当によくしゃべります。誰かの意見に乗っかったり、反対意見を述べたり、これが本来の議論なんだと思いますが、人の話を行儀よく、終わるまで聞くスタイルの日本人にはついていけません。

彼らがどうやって、相手の会話に割り込みをしているのかを観察していると、「割り込むタイミングに、ある程度の法則がある」ことに気づきました。

それは、**「呼吸」**です。

いくら威勢よくまくし立てていたとしても、息は吸います。**そのわずかな瞬間を狙って発言**します。

「えー」「ちょっと、いいですか？」「質問です」「今の意見に対して……」「それなら」「〇〇さんの意見に追加で……」などと、とにかく声を出して注目を集めます。

少しいつもよりも大きな声で、その後名乗り、議論に入ります。

これは**「カットイン」**というスキルです。

会議に参加していても、一言も話をしないのであれば、参加する意味がありません。

ですから、このスキルを活用して、**言いたいことは言うべきタイミングで伝えましょう。**

決まったことを後からくつがえすようなことでは、会議の生産性を下げます。

相手の意見を聞きながら、自分の意見をまとめつつ、タイミングを計ってカットインするやり方を身に付けてください。

きちんと意見を述べる人だと認知されれば、相手も頼りにしてくれるようになります。

オンライン会議システムによっては、システム上「手をあげる」というリアクションが準備されているものもあります。

オンライン会議に参加したけど、1回も口を開かなかったということがないように、カットインのスキルをぜひともお試しください。

また、ファシリテーターが、話の長い参加者の話を終えさせるためにも有効です。

まとめ

会議中に言いたいことを言うべきタイミングで伝えるためには、カットインのスキルを使ってみましょう。相手が息を吸うタイミングを見計らって、「えー」「よろしいでしょうか？」などと割り込み、その後名乗って自分の意見を伝えましょう。

5

納得度が上がる！「プレゼンテーション」のスキル

オンライン会議でのプレゼンテーションとなると、最初は難易度が高いかもしれません。なぜなら相手の顔は見ていても、反応が見えにくいからです。

積極的に反応してくれる人は、いても2割程度でしょう。

多くの人は、無表情でつまらなそうに参加をしているので、話しているほうも反応がなければ、投げやりになりがちです。

とにかく、早い段階から**相手の興味をこちらに向ける**必要があります。伏せたコップに水を満たすことはできません。まずは、「コップを立てる」必要があります。

そのためには、**「これからする話が、いかに相手にとって有益な話であるのか」**を伝える必要があります。

そこで初めて、コップが立って、水が注がれる準備ができるのです。

また、自分が緊張して話をしている状態は、「意識が自分に向いている状態」です。

自分がどう見られているのか？　自分の話は受け入れられているのか？など、自分に矢印が向いていると、どんどん緊張が高まってきます。

意識の矢印は、相手に向けましょう。相手のために話をすることに集中します。

そのためには、**「こっくりさん」を見つける**ことが大切です。

「こっくりさん」とは、**カメラの向こうでうなずいて聞いてくれている人**です。

先程、2割程度反応を返してくれる人がいるとお伝えしましたが、その人たちが「こっくりさん」です。

最初は、その人たちに向けて話をします。

うなずいてくれていれば、自分も落ち着いて話ができます。

自分が落ち着いてくれば、もっとずっとリラックスして話ができます。

すると、他の人たちも徐々に反応を返してくれるようになります。

また、緊張していると表情も硬く、ボディランゲージも出にくいし、しても映らない場合もあるので、カメラの角度にも注意が必要です。

ライトの角度でも、顔の表情が暗く映る場合もあります。

逆光になってしまうと、表情が映りにくいため、自分に光が当たるように調整するといいでしょう。

ボディランゲージは少し大きめのアクションのほうが、プレゼンにメリハリが出ます。座ってプレゼンすることになるので、たとえば、数字は指を立てて表現したり、大きさなどは手を使って表現したりと、相手が飽きないように演じてみてください。

資料の共有もできるシステムもあります。

同じ資料を事前に配布していても、今どこの話をしているのか、画面を共有しながら同じものを見せて話をしたほうが一体感が出ます。ときどき、「間」を開けて、相手の理解を確認したり、できるだけ双方向で進めていけるといいでしょう。

声も大切な要素です。

強弱、抑揚をつけたりすると、相手を惹きつけることもできます。

相手の視覚も聴覚もフルに刺激をして、オンラインでの魅力的なプレゼンを実施できるようにするには、あらかじめ準備をすること、使用するツールにも慣れておくことが大切です。

また、プレゼンテーションスキルを使って、社内の勉強会や研修などもオンラインで行うことも有効です。

準備さえできれば、リアルでやるのと遜色なく実施することもできます。

まとめ

慣れないオンラインでのプレゼンテーションは、まず「こっくりさん」を見つけて、その人に向かって話しかけることを意識しましょう。また、カメラで映るのは上半身のみなので表情が大切です。ボディランゲージも手を使って魅力的なプレゼンを実施しましょう。

6

交渉がうまくいく！「ネゴシエーション」のスキル

オンライン会議で、お客様と会話をすることはあるでしょうか？

必ずしも商談だけではなく、**「トラブル対応」**などはオンライン会議も有効です。

緊急会議を招集してトラブルを解決するという際には、アポを取って行ってヒアリングするよりも、お互いがオンラインでつないで会議をするほうが、解決策に時間を割けるため非常に有効です。

まず行って、お客様の顔を見て謝ってからでないと話を進められないという場合もあるでしょうが、何よりも時間短縮ができるため、オンラインでの顧客との会議はお勧めです。

「商談」の場合にも、オンライン会議は可能です。

あらかじめ信頼関係が構築できていることが前提にはなりますが、意外とオンライン会議でお互い密室からであれば、距離がぐんと縮まります。

リラックスした雰囲気の中、自分のプライベートの話などもできれば、相手からは親近感を感じてもらえることもあるので、仲良くなりたい場合には、自宅の部屋からリモートで会話をするものお勧めです。

カメラの位置を工夫して、自分の後ろに趣味の物などを飾っておくと、話のネタにもなります。

また、相手の部屋にある自慢の一品を見つけて褒めたりと、在宅同士ならではの良さもあるため、お互いの距離を縮めることもできます。


相手との交渉の場面ですが、**オンラインならではのメリットとしては、相手がリラックスしている状態であるということ**です。

交渉をうまくまとめるためには、とにかく**相手の話を聴く**ことです。

たくさん相手のからの情報が引き出せれば引き出せるほど、交渉のための手札は増えます。

ですから、無駄を惜しまず、あれこれと質問をして情報収集を心がけましょう。

そのうえで、自分も相手もハッピーになれるような条件を探っていくことが大事です。

勝ち負けを意識した途端に、相手は交渉の扉を閉ざします。

お互いの目的を達成するためにどちらも損をすることなく、どちらも満足がいく成果を出すための話し合いです。

対立関係にならないことを意識しましょう。

そして、相手の問題を解決できる手が見つかれば、嫌でも相手はあなたの提案する話に乗ってきます。

交渉になる前に、相手があなたに頼ってくるようになるためには、とにかく丁寧に話を聴きましょう。

使用するスキルとしては、**「傾聴」**です。

相手が話しやすいように、**うなずきやあいづちを打つ**ことも大切です。

また、話を促すように、「それで、どうなったんですか？」などと、**合いの手**を入れます。

そして「それはお困りですね」などと**共感の言葉**もかけましょう。

オンラインだからこそ、リアクションは大きめに相手に届けることです。

そして、**交渉は必ず、成功したときの最大メリットと、相手に譲れる最小のメリットを決めておきましょう。**

最小のメリットを下回るような条件を提示された場合には、取引をしないノーディール（取引なし）を選ぶことも肝心です。

まとめ

交渉は、相手に興味、関心を持って、聴くことを意識します。また、リアクションを大きめにして、傾聴をしっかりしましょう。交渉時には、成功した際の最大のメリットと最小のメリットを決めておくことです。

7 部下の悩みが引き出せる！「質問」のスキル

オンラインでも面談をする場合もありますが、意外と深い話ができます。

オンラインは画面越しなので、近すぎず遠すぎず、リアルでの面談よりも相手との適切な距離が得られます。相手の目をじっと見る必要もなく、なんとなく画面を見ていれば、自然な視線を送れるようになります。

面談は、相手に口を開いてもらうことが大事なので、大切なのは**「質問」のスキル**です。

部下にアドバイスをするための興味本位の質問ではなく、ある程度面談の流れを想定しながら、どんな質問をどんな順番で繰り出したら詳細が聞けるのかなどを考えながら、相手の思考をさかのぼれるような質問をしてみましょう。

（過去）
きっかけはどんなことですか？
それからどうなったのですか？

（現在）
今、どうなっていますか？
今、どうなっていたら満足ですか？

（未来）
どうなりたいですか？
どうなっていたら理想の状態をつくれますか？
そのために何をしますか？

右記のように、**過去から未来に向かって時系列で聞く**ストーリーもありですし、反対にどうなりたいかという、**未来から過去に向かって聞く**というやり方もあります。

問題を解決するためであれば、過去から未来へ聞いていくのが望ましいですが、理想の状態が描けているのであれば、未来から過去へ聞いていくのでもいいでしょう。

また、**テーマをいくつかに分解しておく**やり方もあります。たとえば、自己成長について（できていること）と、成長が停滞していること（できていないこと）など、対比で聞いてみるという手もあります。

他にも、経験、知識、スキルなどを聞いてみるなど、**面談の目的に沿って、いくつかテーマを事前に設定しておく**といいでしょう。

できれば、それを**相手と共有しておく**と、相手も自分で事前に整理することができます。

テレワークの場合には、特に「**相手に準備させる時間を取っておく**」と、面談の時間もコンパクトにすることができます。

実際に面談をスタートする前には、アイスブレイクとして近況を聞いたり、あまり差し支えがないような話題を提供しましょう。

面談の終わりには、感想を聞きましょう。

たとえば、「スッキリしました」「前向きになりました」「やるべきことが見えました」などという、ポジティブな言葉が聞ければ成功です。

そして、**最後に期待の一言をかけましょう。**

「期待しているよ」「頑張って」「応援しているよ」などと、相手に対してのモチベーションを高めるような言葉がけがとても大切です。

せっかくの面談の機会なので、部下の成長を促し、部下のやる気に火をつけ、仕事の成果が達成できるように、うまく設計しながら相手を導いていきましょう。

オンラインであれば、いつもは照れくさくて言えないような一言も言えます。

ぜひとも言葉にして相手に伝えてください。

まとめ

オンライン会議システムを使っての面談は、「準備」が大切です。話すことを流れにして整理し、相手と共有しておきます。そして、相手の緊張をとくアイスブレイクや質問の流れを押さえて、最後には感想を聞き、期待の一言を伝えましょう！

第６章　まとめ

- スケジュールを共有し、「集中タイムと報連相タイム」を決めておく。

- 仕事の目的に合った「コミュニケーションツール」を選択する。

- オンライン会議では、ファシリテーターが事前に「アジェンダ」を設定し共有しておく。

- オンライン会議では、１度も話さないということがないように「カットイン」で参加する。

- オンライン会議では、緊張を解くために、まずは「こっくりさん」を見つけて話しかける。

- オンラインでの交渉は、まず相手への「傾聴」を意識することが大事。

- オンラインでの面談は、テーマを事前に設定して、相手が準備の時間を取れるよう共有しておく。

第 7 章

マネージャ必読！
テレワークがうまくいく
ための5つの準備

1

テレワークを始めるための「コミュニケーションツール」を特定する

サービス内容や業務内容によって、使用する「コミュニケーションツール」は各職場によって違っていると思いますが、まずは**パソコン上で使用できる「メール・チャット・オンライン会議システム」**があれば、大体の仕事はできます。

もちろんその企業で使うツールに指定があれば、それを使うべきですが、これからテレワークを始めるために必要最低限のツールを紹介しておきます（２０２０年４月現在）。

メールは様々なメールシステムがあるため、使い勝手のいいものを選んでください。

Gmail、Yahoo! メールなどアカウントを無料で作成できるサービスもありますし、Outlook、Thunderbird などメールを送受信するためのソフトウェアであるメーラーは、複数のメールアカウントを管理するのに便利です。

チャットは様々なものが世に出回っていますが、以下によく使われているものを挙げておきます。

・LINE WORKS（ワークスモバイルジャパン株式会社）
・Talknote（Talknote 株式会社）
・Slack（Slack Japan 株式会社）
・Chatwork（Chatwork 株式会社）
・WhatsApp（Facebook Japan 株式会社）

それぞれ特徴があるので、用途に合わせて使いやすいものを選んでください。
たとえば、Slack は在席か離席かがツール上わかる機能があります。
Chatwork はタスク管理ができ、添付ファイルが送れます。
試しに色々と使ってみて比較検討するといいでしょう。

オンライン会議システムは、以下のようなものです。

・Zoom ミーティング（Zoom Video Communications, Inc）
・Skype for Business（日本マイクロソフト株式会社）
・Microsoft Teams（日本マイクロソフト株式会社）
・Cisco Webex Meetings（シスコシステムズ合同会社）
・Google Meet（グーグル合同会社）

画像や音声が高品質で安価で、使い勝手がよいのは、現時点ではZoomが一番のようです。

特筆すべきは、「ブレイクアウトルーム」という機能が素晴らしいことです。

1対多数で話をしていると、ついホスト（開催者）の一方的な話を聞くことになりがちです。

しかし、このブレイクアウトルームという機能を使えば、ホストを除いて他の参加者を、複数のグループに小分けにして参加者だけで会話させることができます。

参加者同士を、ネット上の仮想の小部屋に招待することができるイメージです。

もちろん、その小部屋にホストが出入りすることも可能です。

たとえば、１００名の参加者を瞬時に30個の部屋に分けて、物理的に離れている３人で会話してもらうようなことも簡単にできます。

これは、画期的な機能で、リアルなセミナーに参加しているときに、ある程度時間を区切って、「お互いにここまで理解したことや感想など、自由にシェアしてくださ い」などと講師が言って、参加者同士の会話を促す時間があります。

それが可能になるのが、ブレイクアウトルームの機能です。


他のオンライン会議は接続の安定度という機能面でも、またコストパフォーマンスの面でも、Zoom 以上のものを見つけることが難しいのではないでしょうか。

あくまでも現時点での話なので、本書の出版以降に高機能のオンライン会議システムの開発や、既存のシステムの機能が向上することもあるので、その点はご了承ください。

テレワークがうまくいくかどうかは、コミュニケーションツールの選択にかかっているといっても過言ではありません。

マネージャが一人でツールの特定を抱え込まずに、メンバーで詳しい人に聞きながら意見を出して決めていきましょう。

ツールは1度決めると移行が難しいので、トライアル期間を設けて比較できることが望ましいです。

あれこれいくつも同じ機能のものを使ってしまうと、何をどこに連絡したのかがわからなくなり、結局はコミュニケーションが混乱します。

組織で決めたツール以外のツールは仕事では使わない、などというルールも大切ですので、**ツールを特定したらルールも一緒に決めてください。**

まとめ

テレワークを始める際に、まずは「コミュニケーションツール」を準備しましょう。パソコンやスマホ上で使えるツールを特定します。それぞれのツールの特徴を理解して、使用目的に合わせて最適なものを選ぶことが大切です。

2 テレワークを効果的にするための「情報管理ツール」を準備する

テレワークを開始する際には、コミュニケーションツールを決めて、次に仕事を前に進めるための情報管理の機能を持ったツールを特定します。

「情報管理ツール」とは、たとえば社内の重要事項を共有する**ネット掲示板**のようなものから、**顧客管理のデータベース**や、**オンラインストレージ**（データを保存・管理・共有するもの）、**スケジュール管理ツール**などを指します。

チームで仕事をしていくうえで、チームメンバーが共有すべき最新の情報を、どこからでもアクセスできることが重要です。

すでに社内で使っているツールをリモートでも使用できるのであれば、それが一番便利かつ安全なので、ご自身のチームで使っている情報共有のためのツールをまずは洗い出しましょう。

そのうえで、会社外でもそのツールが社内と同じように使える仕様なのかどうかを確認してください。

もし、社外でも使えるのであれば、情報のどこまでは社外からもアクセス可能なのか、情報の機密性について議論しておく必要があります。

顧客管理のデータベース

顧客情報は持ち出し禁止の場合が多いので、それは社外からはアクセスできないようにするとか、参照はできるけれど書き換えが不可であるなど、権限をどう設定するのかというツール上の機能の話と、それを使う人へのルールづけが大切です。

また、その情報共有システムから印刷して社外に持ち出していいか？　写真に撮って持ち出していいか？など、情報漏洩につながりかねないような個人情報や数字や金額が入った情報などについても、どう扱うべきか十分に話し合っておかなければなりません。

「これくらいは大丈夫」「急いでいるから仕方ない」などという気の緩みから、大事件につながる場合もあります。

- **テレワークで使用してもいいツールを特定する**
- **そのツールが社外でもネットにつないで使用できるかを確認する**
- **社内と社外でどこまでアクセスしていいかというルールを決め、設定する**

【例】
情報の参照のみ（Read only 権）、書き込み権限もあり（Read/Write 権）
顧客単位でアクセス制限をつける
情報の深さを制限する（顧客名は見られるけれど、取引金額は見せないなど）
ツールの管理者を決めて、運用面で問題があればその人が問い合わせ窓口になる

できるだけ社内ですでに使用しているツールを使用しますが、新しく導入される場合には、使用目的を明確にしたうえで、比較検討しながらベストなものを選択しましょう。

オンラインストレージ

オンラインストレージは、文書ファイルや画像ファイルなどをクラウド上に保管し、いつでもどこからでも最新のファイルが取り出せます。

そのファイルを自分のパソコンにダウンロードして、作業したファイルをさらにオンラインストレージにアップロードして、最新版として保存することができます。

よく起きがちなこととしては、複数で同じファイルを編集してしまって、複数のファイルができあがってしまったり、誰かのアップデートが上書きされて消されてしまったりなど、ファイルのダウンロードのタイミング、アップロードのタイミングで衝突事故が起きることが多々あります。

そのためには、**ファイルの版数管理**（リビジョン番号を付けて管理する）とか、**文書管理台帳**をつくったり、**誰が今編集中か**ということがわかるようにしておくことが大切です。

何名で作業をするか、どれくらい編集の頻度があるかによって、そのチームのルールを決めましょう。

以下、比較検討のために代表的なものをあげておきますので、参考にしてください。

- OneDrive（日本マイクロソフト株式会社）
- Google ドライブ（グーグル合同会社）
- Dropbox（Dropbox Japan 株式会社）
- Box（株式会社 Box Japan）

一番気を付けるべきことは、情報漏洩です。

マネージャとしての危機管理は大切なので、メンバーと話し合って、しっかりと準備を進めてください。

スケジュール管理ツール

スケジュール管理ツールは、自分のスケジュールとチームのスケジュールを管理、共有するためのツールです。

パソコンからもスマホからもスケジュールが確認できて、書き込みをし、共有ができるので、離れていても誰が今何をしているのかメンバーの状況がわかります。

スケジュール管理で起きがちな事故は、「ダブルブッキング」です。

スケジュールが共有される分、空いている時間に自分の会議時間を勝手に入れられることもあります。

スケジュール調整の事故を防ぐために、このようなルールを決めておくといいでしょう。

スケジュールは仮の予定も入力する

- 一人で作業をするための時間も入力する
- 業務時間中のプライベートの予定（例：子どもの迎え、病院受診など）も入力する
- 誰が誰のスケジュールを入力していいかを決めておく

比較検討のために、代表的なものをあげておきますので、参考にしてください。

・Google カレンダー（グーグル合同会社）
・Yahoo! カレンダー（ヤフー株式会社）
・サイボウズ Office（サイボウズ株式会社）
・TimeTree（株式会社 TimeTree）

その他の業務に必要なツール類は、会社で使っているものを継続して使い続けることをお勧めします。

もし、新たに業務系のツール導入の検討をしているようであれば、まずは何のためのツールなのか、どんな仕様が必要なのか、チーム内でよく話し合いましょう。

規模が小さいようであれば、最初はエクセルなどを使用して項目の洗い出しをして、オンラインストレージでそのファイルを一元管理してみましょう。

顧客管理台帳のようなものであれば、エクセルでもある程度の規模であれば管理が可能です。

やりながら、不具合が出れば、その都度チームメンバーで改善をしていくことが大切です。

どんなに立派なツールを導入しても、それを使う人のモラルや職場の仲間を思いやる気持ちがなければ、仕事はうまくいきません。

まとめ

テレワークを効果的にするための情報管理ツールの準備には、まず今の社内のツールを棚卸しましょう。そのうえで、社内ですること、社外でもできることを明確にして、情報管理、共有のレベルを決めましょう。

3

快適なテレワークのための４つの仕事環境ポイント

テレワークをする前に、仕事の環境を整えることが大切です。

まず、**仕事にふさわしい「ワーキングスペース」**を確保してください。

必ずしも広くなくていいのですが、パソコンを置けるスペースや業務に必要な資料を広げておくスペースが必要でしょう。

できれば静かで、電話やオンライン会議を実施しても、雑音が入らないような状態がつくれることが理想です。

しかし、自宅に書斎のような部屋があるとは限りませんが、家族にも協力してもらいながら、電話や会議をする場合には静かにしてもらえるようにお願いしてください。

そうはいっても小さいお子さんがいる場合には難しいので、どうしても静かなところから電話や会議をしなければならない場合には、あらかじめレンタルスペースを借りるとか、雑音が入りにくいヘッドセットなども購入しましょう。

社内のやり取りの場合には、ある程度の雑音は仕方がないとして、電話の相手や会議の相手に合わせて、在宅でのやり取りが難しい場合には、事前にスケジュールを工夫することも必要です。

突然の電話の場合には、在宅であることを相手に伝えて、騒がしい環境での電話であることを詫びて、電話に応じてください。

どうしても雑音が大きくて相手に伝わらない場合には、要件の緊急度を確認して対応しましょう。

また、電話だけではコミュニケーションが難しい場合には、メールやチャットでポイントを伝え、その後、場所を変えて折り返すなど、相手に配慮しながら伝えることが大切です。

次に大事なことは、パソコンやスマホやタブレットなどの**「デバイス」**と言われる機器です。

基本的には会社支給のものを使用しますが、場合によっては、個人所有のものを使わざるを得ない場合もあるでしょう。

その場合には、セキュリティについては万全なのか、通信料やどのように会社に請求するのかなど、事前に会社とのすり合わせが必要です。

また、Ｗｉ－Ｆｉについても自宅の契約がどうなっているのか？　自宅にしても自宅以外の場所に持ち運べるＷｉ－Ｆｉルーターなども、誰が準備して誰が支払うのかなども事前に決めておきましょう。

通信料など最初は些少な金額だからと思って、個人の費用として支払っていても、徐々に金額がかさんでいくこともあります。

料金プランなどにもよりますが、思った以上の金額を個人に請求されても困るので、会社にどのようにしたらいいのか、事前に確認してください。

甘く見てはいけないのは、**「椅子」**です！

テレワークでは8時間働くとしたら、椅子の上でほとんどの時間を過ごすことになります。とにかく座り心地がよく、疲れにくく、いい姿勢を保てるような椅子であることが望ましいのです。

オフィス家具から選んだり、ゲーミングチェアという長時間ゲームをやる人向けの椅子もあります。

それ以外にも、厚生労働省のホームページに「自宅等でテレワークを行う際の作業環境整備　https://www.mhlw.go.jp/stf/newpage_01603.html」というガイドラインも開示されています。

このような情報も活用しながら、環境を整えていきましょう。

最後に、**家族との調整**も大切です。

たとえば、配偶者や子どもにも、それぞれの生活があります。

会社やご自身の都合でテレワークをするわけなので、それにより家族も何らかの影響を受けるわけです。

それを、「仕事だから仕方ない。我慢しろ」と言っては身も蓋もありません。

ここはあくまでも、家族に協力を得られるようにお願いをしたり、在宅ならではのメリットを活かして、家族にもそのメリットが伝わるように提案しましょう。

たとえば、保育園の送迎や買い物の手伝い、洗濯、布団干しなど、隙間時間にちょっと手伝えることがあれば、相手も色々な形であなたに協力してくれるでしょう。

これまでお話ししてきたことを、スタッフたちと共有し、それぞれの仕事環境を快適に整えてあげてください。

まとめ

テレワーカーが最低限整えるべき環境があります。自分の仕事の環境に必要なものがあれば、上司に相談のうえ揃えていきましょう。また、家族との決め事なども大切です。仕事もプライベートも含めて、自分の仕事環境は自分で整えていきましょう。

4

「社内規定」の見直しで、社内の公平性を保つことは必須

テレワークを導入するにあたっては、社内規定を見直す必要があります。
たとえば、事前にどのようなことを決めておいたらいいかをあげてみましょう。

- 勤務時間をどう設定するのか？
- フレックスはどのように認めるのか？
- 残業時間はどこまで認めるのか？
- 休み時間をどのように設定するのか？
- 休み時間をどのようにズラしていいと許可するのか？
- 自分の病中、病後の療養中の仕事はどこまで認めるのか？
- 病中、病後の子どもの看病の時間はどこまで認めるのか？

- 親や親族の介護のための時間はどこまで認めるのか？
- プライベートの用事をどのように認めるのか？
- 今までもらっていた交通費をどうするのか？

ここまで決めておく必要があるかどうかは別にして、マネージャは想定しておかなければ、社員から質問があったときに答えることができません。そのうえで細かいことはＦＡＱ（よくある質問）にまとめておくといいでしょう。

一番よくないのは、条件により不公平が起きてしまうことです。

たとえば、身体が弱い子どもがいる場合などは、杓子定規に半休や１日有休を取れば、年の20日くらいの有給休暇はすぐになくなってしまいます。

介護も同様で、デイケアの送り出しや迎え入れに５分～10分席を立つために、半休を取っていては、休みはいくらあっても足りません。

規定は規定、運用については現場で判断しＦＡＱに反映するというやり方で、その職場ごとに合理的で公平な判断をしていきましょう。

少しくらいの家庭の用事で席を外せば、その分は取り返そうと仕事にも熱が入るものです。

上司の裁量権の範囲であれば、そこをどのように解釈するのか、周囲が納得するのかは、マネージャのあなたの腕にかかっています。

まとめ

テレワークを始めるためには、会社の規定を整備することも大切です。社員の公平性を担保するためにも、あらゆるケースを想定して決めましょう。規定で大枠を決めたら、運用はＦＡＱにまとめて、現場の意見を吸い上げて社員の合意を得ることが大切です。

5
離れていても、部下の仕事がしやすい環境整備はマネージャの仕事

離れていても、マネージャのあなたには**安全配慮義務**があります。

東京都労働相談情報センターのホームページによれば、「使用者の安全配慮義務」についで次のように述べられています。

平成20年３月に施行された労働契約法第５条は、「使用者は、労働契約に伴い、労働者がその生命、身体等の安全を確保しつつ労働することができるよう、必要な配慮をするものとする」と、使用者の労働者に対する安全配慮義務（健康配慮義務）を明文化しています。

危険作業や有害物質への対策はもちろんですが、メンタルヘルス対策も使用者の安全配慮義務に当然含まれると解釈されています。

労働契約法には罰則がありませんが、安全配慮義務を怠った場合、民法第709条（不法行為責任）、民法第715条（使用者責任）、民法第415条（債務不履行）等を根拠に、使用者に多額の損害賠償を命じる判例が多数存在します。

（出典：https://www.kenkou-hataraku.metro.tokyo.lg.jp/mental/line_care/law/abor.html）

特に、メンタルヘルスについても安全配慮の対象になります。

メンタル不調は、早く分かれば深刻化する前に手が打てます。

たとえば、同僚同士の人間関係がうまくいっておらず、何らかのハラスメントなどがあり、**メンタル不調を起こしている人に対して、上司の配慮がなければ、安全配慮義務違反に該当します**。

自分がパワハラはしていないから、大丈夫というわけにはいきません。

部下の心身ともに健康な状態を保つことも、マネージャの役割なのです。

そのために、リモートであっても、部下が心も身体も健康な状態を保ってもらえるようにモニターしておくことが大切です。

1日1回は、何らかの方法で部下の様子を確認しましょう。

- 一人で抱え込んでいる仕事上の悩みはないか？
- 人間関係で悩んでいることはないか？
- 与えている仕事の質と量は適切か？
- ハラスメントを受けていないか？
- 誰かにサポートしてもらえるような体制はあるか？

毎日、顔を見ている相手であれば、朝の挨拶一つとっても部下の調子はわかります。いつものように元気な挨拶が返ってこなければ、「○○さん、元気ないね。今日はランチでも行こうか？」などと話しかけて、早めの対処ができます。

しかし、リモートでなかなか部下と会えない状況が続いていれば、意識して関わらなければ、部下のちょっとしたサインを見逃すことにもなりかねません。

そのためにも、リモート会議システムなどを使って顔を合わせる機会をつくったり、チームメンバー全体が網の目のようになり、お互いがお互いの状態を把握して、安全に健康で健全なチームづくりを目指していきましょう。

離れていると仕事の成果ばかりに目が行きがちですが、働いている人の状態がよくなければ成果も半減します。

また、マネージャ自身が、安全配慮義務違反になってしまっては目も当てられません。「離れていても、近くにいても、部下の仕事がしやすい環境整備は、マネージャの大切な仕事」です。

まとめ

テレワークの環境だからこそ意識して、部下の安全配慮義務を怠らないことも上司にとっては大切なことです。まずは、チーム内での積極的なコミュニケーションを目指しましょう。心身ともに不調者を出さないように、もし異変があれば速やかに見つけ出し対応してください。

第７章　まとめ

- 「コミュニケーションツール」を特定したら、ルールも一緒に決める。

- 「情報管理ツール」を洗い出し、チーム内でよく話し合って決める。

- 「自宅の仕事環境」を快適に整えることで、格段に仕事の成果が上がる。

- 現場の意見を吸い上げ、「会社の規定」を整備したら、社員の合意を得ておく。

- 離れているからこそ、「部下の安全配慮義務」を怠らないようにする。

おわりに

本書を最後までお読みいただき、誠にありがとうございます。会社から「明日からテレワークだ！」と言われて困っている方々に向けて、いち早くお届けしようと、寝る間も惜しんで原稿を書き上げました。

新型コロナウイルスの影響で、余儀なく導入することになったテレワークという働き方かもしれませんが、企業が生き残るためにも生産性を維持しなければなりません。また、アフターコロナも、テレワークを上手に活用すれば、今よりもっと自分らしい日常が送れるようになるはずです。

そのためにも、今、この状況でテレワークを上手に活用して仕事で成果を出すために、本書をお役立ていただければうれしいです。また、新型コロナウイルスがまん延していても、どうしても現場を離れられない皆様に敬意を表します。

どうかご自身と大切な方に、安心で安全な世界が一日も早く戻りますように、この事態の終息を願ってやみません。

愛をこめて　片桐 あい

片桐 あい（かたぎり・あい）

カスタマーズ・ファースト株式会社　代表取締役
人材育成コンサルタント　産業カウンセラー

日本オラクル株式会社（旧サン・マイクロシステムズ株式会社）サポート・サービス部門に23年勤務。コールセンター業務を経て、現場のリーダーへ。その後、海外メンバーとプロジェクトを立ち上げ、様々な業務改善で年間3000万円のコストセーブに成功。

また、不可能と言われるような大企業との契約条件の変更についての交渉を担当。また、アジアパシフィックのプロジェクトには日本代表として選出され、当時品質に問題のあった北京のコールセンターの品質改善に努める。その際に講じた解決策では物流の仕組みを変えて年間2800万円のコストを抑えた。その際、日本人初のグローバルでの表彰を受ける。

また、当時困難と言われていたハードウェアの保証制度に対する外注費を年間4500万という金額をセーブすることに成功し、日本法人の社長より、社長賞を受賞し、実績を評価される。

プロジェクトを常に成功へと導けた秘訣は、気難しいキーパーソンに自ら近づき、共通ゴールを見つけて、敵対関係をいつの間にか味方にしてしまう。クライアントからは困ったことがあれば「片桐さんを呼んでください」と、指名が絶えないプロマネとして、相手の期待に応え、必ず結果を出し続けていた。

2009年からは、社内の人財育成の担当として「キャリアディベロップメント＆トレーニング」という部署を立ち上げ、社員の育成を担当。延べ1500名のエンジニアの育成に携わる。グローバルのプロジェクトでエンジニアのトレーニングの開発のためのメンバーに選出され、各国の教育担当とカリキュラムを開発。

M&Aやリストラで仕事上のポジションが危うい外資系IT業界で、ノンテクとして23年間雇用され続け成果を出し続けることは稀有なことである。卓越したコミュニケーション能力・問題解決能力を武器に2013年に独立し、企業研修講師となる。年間約120件登壇し約25000名の育成に従事。また、人財育成コンサルティングで延べ3400名のカウンセリングでの育成にも貢献している。

5年前から人材育成コンサルティングで関わっているIT企業では、5年間新卒17名は一人も離職者なし。3年前から人材コンサルティングで関わっているモバイルサービスの50席のコールセンターでも、アンマッチで退職したオペレーター以外は離職者なし。マネジャー育成と強い若手社員の育成に定評がある。

［**ブログ**］仕事は人間関係が10割！：https://ameblo.jp/aikatagiri/

［**著書**］
・職場の「苦手な人」を最強の味方に変える方法（PHP研究所）2019年5月
・一流のエンジニアは、「カタカナ」を使わない！（さくら舎）2020年4月
・苦手な人と仕事をする技術（株式会社日本能率協会マネジメントセンター）
　通信教育講座2020年4月開講

Special Thanks to:

企画・編集協力
遠藤 励起

イラストレーション
r2（下川恵・片山明子）

これからのテレワーク

新しい時代の働き方の教科書

二〇二〇年（令和二年）六月二十日　初版第一刷発行
二〇二〇年（令和二年）七月二日　初版第三刷発行

著　者　片桐 あい
発行者　伊藤 滋
発行所　株式会社自由国民社
東京都豊島区高田三―一〇―一一
〒一七一―〇〇三三
振替〇〇一〇〇―六―一八九〇〇九
電話〇三―六二三三―〇七八一（代表）
造　本　JK
印刷所　新灯印刷株式会社
製本所　新風製本株式会社